U0127407

記畫堡丁愛

The Silent Traveller

in Edinburgh

蔣彝 著

Chiang Yee

THE SILENT TRAVELLER IN EDINBURGH by CHIANG YEE, DA ZHENG
Copyright: Text and Illustration © 1948 by Chiang Yee
　　　　　Foreword © 2003 by Da Zheng
This edition is arranged permission by with CHIEN-FEI CHIANG
through Big Apple Tuttle-Mori Agency, Inc.
Complex Chinese edition copyright: 2006 Monkey Cultural, an
imprint of Walkers Cultural Enterprise Ltd. Co.
All rights reserved.

愛丁堡書記　The Silent Traveller in Edinburgh

作　　　者　蔣彝
譯　　　者　阮叔梅
版型設計　黃子欽
美術編輯　yuying
副總編輯　賴淑玲
責任編輯　張子午
社　　　長　郭重興
發行人兼
出版總監　曾大福
出 版 者　西遊記文化
地　　　址　231台北縣新店市中正路506號4樓
電　　　話　02-2218-1417
傳　　　真　02-2218-1142
發 行 者　遠足文化事業股份有限公司
客服專線　0800221029
劃撥帳號　19504465　戶名　遠足文化事業股份有限公司
印　　　製　成陽印刷股份有限公司　02-2265-1491
法律顧問　華洋國際專利商標事務所　蘇文生律師
定　　　價　280元
第一版第一刷　2006年12月

◎有著作權‧侵犯必究◎
－本書如有缺頁、破損、裝訂錯誤，請寄回更換

國家圖書館出版品預行編目資料

愛丁堡書記/ 蔣彝 著;阮叔梅譯. – 第
　一版. –. 臺北縣新店市;西遊記文化出版;
　遠足文化發行, 民95
　面;　公分
　譯自：The Silent Traveller in Edinburgh
　ISBN 978-986-82749-2-1 (平裝)

　1. 英國愛丁堡 - 描述與遊記

741.9　　　　　　　　　　　　95022682

● 可思妥發動物園中，塔布希與幼獅

目錄

前言 Foreword

　　1940年代，啞行者系列叢書在英國相當受歡迎。許多人雖然看過或聽過啞行者（*Silent Traverller*）此一筆名，卻搞不清或記不住作者的原名。基於此，1949年五月七日愛丁堡《晚報》（*Evening News*）上的一個益智問答也就不讓人意外了。題目是：「誰是愛丁堡的啞行者？」答案是蔣彝。

　　《愛丁堡畫記》於1948年十一月十八日出版時，蔣彝已成功建立起自己旅行作家和藝術家的聲譽。短短十年間，除了愛丁堡一書，蔣彝先後出版了《湖區畫記》（*1937*）、《倫敦畫記》（*1938*）、《戰時畫記》（*1939*）、《約克郡谷地畫記》（*1941*），以及《牛津畫記》（*1944*）。讓人意外的是，蔣彝1933年才來到英國，而且當時英文能力還非常有限。除了這六本啞行者系列叢書，1935至1948年之間，他另外還出版了十二本英文書，其中包括一本回憶錄、兩本介紹中國藝術的書、一本小說以及幾本童書。

　　蔣彝1903年生於中國長江畔的古城九江，幼年於家中私塾接受扎實的古文訓練，並隨在當地頗孚眾望的畫家父親研習國畫。自南京國立西南大學化學系畢業後，蔣彝在中學教過化學，加入過北伐軍，前後於安徽及江西擔任過三個縣的縣長。1933年，蔣彝前往英國，先在倫敦大學教授中文，後來則在衛爾康醫學史學院（*Wellcome Institute of the History of Medicine*）負責管理中國文物。1955年，他接受哥倫比亞大學提供的中文教職，前往美國。那些年間，蔣彝雖然四處旅行，足跡幾

乎遍及世界各地，卻在間隔四十二年之後的1975年，才有機會回到中國，回到家鄉。1977年第二次返鄉時，蔣彝病倒於北京的醫院，並於十月十七日過世。

蔣彝的旅行書風格獨特，全然不同於其他旅行書，以至無論是在圖書館或書店裡，立刻就可以認出他的書。蔣彝親自設計書本封套。橫跨頂端的是作者以毛筆寫的英文草書標題，下方是一幅彩色畫，以及用毛筆寫成的中文標題。書脊上的英文標題和作者簽名，也是以草書寫成，不僅獨特、悅目，還非常吸引人。無論隨意翻閱或細心慢讀，任何人都可以經由那些描述旅行經驗的生動文字，夾雜其中為數可觀美麗的彩色插畫、素描，以及用書法寫成配以英譯的中國詩，明確感覺到他的創造力和天份。

蔣彝寫了十三本啞行者系列旅行書，其中十二本均已發表。那些書中，頭六本均以英國為場景，最後一本則是關於愛丁堡；之後，蔣彝書寫的便是世界其他各地了。在愛丁堡一書中，蔣彝以評論自己寫過的書開場，同時細述他個人的文藝創作理論，還為他在探索新題材、新技巧時嘗試的嶄新技法提出辯護。

啞行者系列新鮮、有趣、深具啟發性，已經讓成千上萬的讀者深深著迷。這些書同時具備了三項優點，我準備以愛丁堡一書做例子，簡短地加以說明：讓熟悉事物陌生化，以重建四周景物；深邃的單純；以及優美的插圖。

蔣彝喜歡將四周環境變得陌生，讓日常景物變得不尋常，讓習以為常的概念變得異常。好比，作者穿著格子裙，手拿呢帽，化身成「想像中的蘇格蘭人」。同樣的，身穿中國袍子、手拿摺扇、悠閒踱步的羅伯·彭斯（*Robert Burns*），也成了生於中國的儒者。更有甚者，一向

讓蘇格蘭人當作獅子看待的亞瑟王寶座，竟然變形成了大象。這種讓熟悉事物陌生化的做法，基本上是在挑戰現有的世界秩序，或是僵硬的思想體系，開闊我們的眼界，迎接全新的可能。必須具備洞悉力、勇氣和想像力才行。只不過，這從來都不是作者的終極目標，那只是一個必要步驟，讓作者藉由重建後的景物，帶給讀者全新的視野和體認。蔣彝不斷表示，他希望強調東西方的相同之處，並書寫與評論他所觀察的西方，讓雙方互相了解。由於此一重建過程，他才得以如本書中所述，強調蘇格蘭人和中國人之間的共通性。他使我們了解，與亞瑟王寶座相關的大象，不只是亞洲人深愛的動物，還是全人類「最敬愛的動物」。還有，中國古代的民歌與羅伯·彭斯的詩作，在本質上是互相關聯的。也使我們看見，中國人和蘇格蘭人非常相似。因為，身為中國人的他可以被誤認為「想像中的蘇格蘭人」，而一位上了年紀的蘇格蘭人，也可能類似「莫測高深的中國人」。

　　蔣彝總是滿懷著好奇，觀察四周環境，探索那些看來瑣碎的細節，好自其中尋找潛藏的意義。雖然有時流於浮面，甚至孩子氣，他那輕鬆、對話式的評論卻經常使人愉悅。不過，讀者也不難發現，那些評論往往在簡單觀察中，帶著深刻哲理。好比，長久以來，中國人一直尊崇海鷗為「閒客」，帶著遠大抱負，沒有常見的惡行，或偏執的習性。不幸的是，蔣彝觀察到，現代消費文化也為這些可愛水鳥帶來了負面衝擊。為了路人提供的食物，牠們放棄了大自然孕育的魚類：「這例子說明了環境對個性的影響，我一定得謹慎！」在另一個例子裡，電車上小女孩自動將多找的零錢歸還車掌，也讓蔣彝驚詫不已。接下來，在不算短的討論裡，除了肯定誠實、正直、免於物欲的束縛等德行，蔣彝特別強調，在戰後百廢待興的情形下，我們特別需要提

昇自己的精神生活。蔣彝認為，人類變得非常複雜，「再也無法理解兒童澄澈的心靈」。「只要我們心思單純、心靈澄明，世界和平必可久長。」

最後，書中優美的插圖也值得一提。閱讀蔣彝的旅行書，猶如欣賞藝術品。由於受過良好國畫訓練，蔣彝具有藝術家敏銳的感應力，能夠精確觀察，並以高度技巧優美地記述下心中印象。看同一樣東西時，他總能掌握一些別人沒發現的獨特細節，發現一些有趣事物。大自然中的石頭、樹木、雲朵、山巒、小鳥、動物，都是他最喜歡的題材。那些精緻的小品文，融合了敘述、評論、回憶、軼事，就像畫家畫布上景物的細節。蔣彝知道，真正的藝術家必須突破表象，掌握最根本形式和內在精神，以便最完美地呈現主題。他對愛丁堡古堡的描述，就具體說明了這點。蔣彝以不同觀點，由不同景況向讀者傳達他的印象：陽光下、雨水中、黃昏時、風中、月下。這些小品文都是簡單的文字意象，描述每日生活及日常事件，細節豐富，逐步呈現作者不經意新發現的意外和狂喜。一旦擺在一起，這些印象化的文字便會在讀者心中激發起昂奮和詩意，類似莫內（*Claude Monet*）的傑作《盧昂主教堂》（*Rouen Cathedral*）和《睡蓮》（*Water Lilies*）系列帶給觀眾的感覺。

由於其導師、同事兼故友莊士頓爵士（*Sir Reginald Fleming Johnston*，*1874-1938*）的關係，對蔣彝而言，蘇格蘭具有非常特殊的意義。莊士頓為蘇格蘭人，牛津畢業後前往亞洲，並在那兒待了三十幾年。他於1906至1917年間，於中國威海衛擔任行政長官。1919年三月初，他成為中國末代皇帝溥儀的英文老師。莊士頓生動有趣的回憶錄《紫禁城的黃昏》（*Twilight in the Forbidden City*），記載了許多他在神祕紫禁

城裡擔任皇帝老師的經歷。由於身爲著名學者、多產作家、漢學家，1913年，莊士頓成爲倫敦大學東方學院中文系主任。

1934年十月，經由莊士頓面試之後，蔣彝受聘於東方學院，擔任中文講師。蔣彝崇拜莊士頓，因爲他知識廣博，又深刻了解東西方文化；同樣的，對莊士頓而言，能有一位年輕中國同事，分享他在中國文化上的許多興趣，進行討論，也是極大的樂趣。1936年，通過資格考試後，蔣彝成爲博士研究生，追隨莊士頓研習佛學與中國書法。只不過，蔣彝一直沒有完成博士學位，因爲莊士頓於1937年辭去教職後回到愛丁堡，並於1938年三月與世長辭。

1934年，莊士頓在阿蓋爾（Argyll）附近，買下克瑞尼思灣（Loch Craignish）內的艾林瑞島（Eilean Right）作爲居所。退休後，莊士頓邀請蔣彝至島上他的住處遊玩。1937年七月，蔣彝到那兒待了兩個星期。蔣彝當時相當徬徨，在事業及個人生活上均面臨著許多困擾。他不確定是否該繼續攻讀博士學位？能否得以繼續於東方學院擔任教職？七七事變後，他不確定他的家鄉、家人是否安好？還有，雖然倫敦「鄉村生活」（Country Life）出版社已同意出版他的第一本啞行者畫記，他卻不確定那書的命運將會如何？不過，1937年夏天，蔣彝首度造訪莊士頓的住處時，卻有機會欣賞到莊士頓由中國帶回來優美的文學、藝術收藏。他享受著四周田園般的景色，乘坐小船，自由自在地倘佯於高山中的明鏡湖泊上，在那兒，郵差一周只送一次信。「簡直是世外桃源」，蔣彝當時在寫給他朋友的信中這麼表示。由於那趟行程，他得以暫時自壓得透不過氣來的生活中獲得疏解，那次經驗，必然也在他美好的蘇格蘭回憶中占了一席之地。

蔣彝曾和朋友分享他堅信的生命價值，「我努力工作，因爲我相

信，人死留名，虎死留皮。」藉文藝創作超越時空限制，一直是蔣彝四十餘年來努力不懈的目標。他希望，下一代的人依舊能記得並欣賞他對文藝的貢獻。如今，距離他出版第一本書已經半個世紀，蔣彝的啞行者系列仍然保有最初的新鮮與活力，仍然受到新一代讀者和批評家的歡迎。的確，讀著這些書，我們感覺，彷彿蔣彝就在身旁，他的旅行文字和深具洞悉力的評論擴大了我們的視野，使我們對自己、對外在世界產生全新認識，並提醒我們，文化交流、互敬互重與全球合作的急迫性。

鄭達

波士頓，2003年二月

多此一舉的序文　Unnecessary Introduction

　　每回費力地將旅行印象化成文字、圖畫，以至集結出書，我都得寫個序文。序文眞有必要嗎？我不確定。不過，其他書都寫了，這本不寫，似乎有始無終。這多此一舉的序文就這麼出來了。

　　距離我大膽出版第一本旅行書《湖區畫記》，至今已經十年。那書的手稿吃了多次閉門羹，有人好心勸我，別再想著出版了。我的圖畫全然中式，沒人看得懂，那書，不會有人讀的。因著某些緣故，這話並未使我喪氣，反而激勵了我。那書後來出版了，我也持續不斷地，每隔一段時間就集結一本旅行印象。這些書並非典型中式的：它們不代表所有中國人，僅是一名中國人的個人印象。

　　讀者不僅對拙作感興趣，還向我提問題。他們喜歡問我「啞行者」的由來。我發覺這問題不好回答。有回我向威克非爾德（*Wakefield*）市長表示，約克郡的方言非常難懂，在街上和人們閒聊時，說了「早安」或「晚安」之後，我就沒法繼續下去了，結果惹來一陣笑聲。蘇格蘭人，特別是愛丁堡人，也許能了解我的意思！單獨旅行時，沉默

是最自然不過的事！

「啞行者」這名字並非我到英國旅行之後才取的。那是我中文筆名。我辭去九江縣議會議長和縣長職務後，為自己取了這名字。身為公僕，從事地方政治，我日以繼夜不停說了五年話。那完全不合我的性格，我很樂意卸下職務。孔子說，「無多言，多言多敗。」李白說，「夫天地者，萬物之逆旅也。」我因此為自己取名「啞行者」。中國人認為，只有旅者和行者才需要一片旅社裡的床位，而人類和其他生物一樣，也居住在這天地旅店裡。因此，「啞行者」這名字很適合我，雖然「行者」指的多是雲遊四方的和尚。

我給自己取這名字很多年了，我也習慣了這名字出現在我好幾本書的標題上。很多人如今直接叫我「啞行者」，而非我的原名，畢竟後者較難記住，也較難發音。一位伯明罕的編輯留意到，偶而我還是會說些話，於是叫我「不太啞的旅者」。

我的繪畫主題經常受討論。自然，我可以隨心所欲決定畫些什麼。有些讀者似乎忽略了，雖然生為中國人，我現在居住的環境卻不同於我成長的地方。身為一個藝術家，我習藝多年，也喜歡細細體察自然，在英國這幾年，我對周遭世界自然做了些紀錄。請不要期望我的作品帶有古代中國繪畫的風貌，我也覺得不要只侷限在模仿中國傳

統，而不適當反應所處時空背景中的創新與進步。中國藝術在其四千年歷史上一直一成不變，堪稱人類文明一大奇蹟。不過，過去三、四百年，這種嚴格恪守傳統的弱點，更是明顯地暴露了出來。我們進步得非常有限。那麼，我吸收了那麼多對中國人而言非常陌生的事物，該怎麼表達呢？

我不似中國廚子，能用英國或蘇格蘭甘藍菜做出中國菜，我絕不打算將英國景色畫成中國畫。我認為，由美學和藝術價值觀之，西方藝術和中國藝術沒有差別，差別在於不同技法和媒材。在缺乏西方技法及媒材訓練下，我試著以我的中國筆、墨和色彩，以及我們傳統的繪畫方式，詮釋英國景色。

我們有兩種畫法：工筆和寫意。二者都以毛筆畫成，我通常依照自己的心情及當時的主題，決定使用的技法。倫敦氣候不穩定，導致景物非常多變，也給了我動力，記錄下自己起伏的心情。我並不想一五一十畫下景物的外觀，我更想掌握景物的基本形貌及內在精神，同時賦予它們自由自在卻不抽象的感覺。我不知道自己是否達到了目標，總之，我還在嘗試。

我在技法上遭遇許多困境。單獨處理時，英國的樹、花、鳥、山和小溪都不會和我的畫筆作對，一旦一整群放在一起，問題就來了。

● 北橋旁的舊大學區與蘇格蘭人大樓

西方建築總讓我覺得為難，不知該怎麼表現。經常，我得花上很長一段時間，才勉強覺得滿意。可在努力的過程裡，在探索我們媒材各種可能的過程裡，我得到很大樂趣⋯⋯頗為強韌且頭部尖細的毛筆、墨汁、柔軟而吸水力強的宣紙。墨汁是神奇材料，可以表現各種明暗色調，我喜歡拿它當實驗，樂趣無窮。

當然了，我聽過各種各樣批評我作品的言論。有些人，由於對中國和所有關於中國的事物感興趣，會開心叫道，他們喜歡我的作品，因為是中國人畫的。他們還往往加一句，我把英國景色中國化了。學生和熱愛我國藝術的人則感慨，我拋棄了我們悠長的傳統，屈就「次等」或「混血」的藝術。有些人對我的作品卻不屑一顧，他們認為，中國人畫英國景物，太荒謬了。我還記得下面這則古老的中國故事：一個矮子在長江上行船，一陣風將他的船吹到了岸邊。他試著推船下水，可是手打滑，人也掉進了水裡，水整個淹過他的頭。待冒出水面後，他叫道「是誰說這水淺的？這水深得很呢！」這種事完全見仁見智。

至於我的文字，只呈現了我所經驗的感覺和反應。它們是否正確，絕非我能論定，它們就是我，我不能要求讀者認同我。我也不想就個人信仰大聲說教。

有個人表示讀過我的書，我的朋友於是問他，是否見過我？那人回答，根本沒有「啞行者」這個人，那只是英國人杜撰出來的人物！若是如此，接下來有關愛丁堡的經驗，恐怕也是個想像中的蘇格蘭人捏造的了！

● 想像中的蘇格蘭人

误解　Misinterpretation

　　抵達愛丁堡時，天空正下著毛毛雨。對我而言，那眞是再適當不過的歡迎方式了。並不是說，爲了雨，我才來到蘇格蘭。我只知道，在蘇格蘭，我會常常遇到這朋友，因此，一開頭就碰到他，自然讓我喜出望外。雖然我從前來過這一次，但對愛丁堡還是相當陌生。那回，我先在卡蘭德（*Callander*）待了幾天，接著於1937年八月一個晚上抵達，並按照朋友給我的幾個地址尋覓住處。但是我找不到落腳的地方，因爲當地正在舉行世界教育大會、世界基督徒會議等各種會議，到處擠滿了人。最後，在一名可敬的愛丁堡警察協助下，我在卡勒多尼亞（*Caledonian*）旅館找到一個房間，登記了兩個晚上。第一晚，安安穩穩過去了；第二晚，古堡眩目的照明燈使我很不舒服。感覺上，那極不眞實，像是童話故事書裡的圖畫。我於是下定決心，一定要挖掘出愛丁堡的眞面目。

　　爲了1943年八月的第二次行程，我在離開牛津前就做好了一切安排。在這兒，我一定要向倫敦、內陸與蘇格蘭鐵路局（*L.M.S.*）的工作

人員致上謝意，他們在辦完自己分內的事之後，還不辭辛勞，爲我安排火車臥鋪。由於他們的熱心，我才能開心踏上行程。戰時長途旅行最大的樂趣，就是抵達目的地了——無論當地天氣如何。當我走出王子街車站（Princes Street Station），發現正下著毛毛雨，爲我滌去長途的舟車勞頓。我終於可以洗把臉了，在戰時火車上，那絕對不可能。在中國，我們習慣以晚宴爲遠道而來的朋友「洗塵」。自然，我不期望愛丁堡有這麼頓晚宴等著我，不過，那雨確實自我寒酸的衣服上洗去了些塵埃。

前往馬曲芒（Marchmont）的路上，計程車穿過美道公園（Meadows）。倫敦公園一望無際的亮綠草坪一向帶給我極大樂趣。在這兒，透過雨絲，草坪顏色似乎淡了些，好像天空正向下吐著綠色蒸氣。我一直喜歡鮮綠色，充滿活力，還能輕易和其他顏色混在一起。只可惜，沒有任何顏料能長久表現那感覺，但願我能找到方法，在畫作裡呈現那鮮活色調。

依我之見，綠色是大自然的主色調。冬天，也許到處是黑色、灰色，春天和秋天，亮麗色彩主導一切，可是一年四季卻隨時見得到綠色。少了背景上的綠，紅花或黃花還美得起來嗎？長途旅行後，見到雨中溫和的綠，總讓我開心不已。記得1934年時，我來這國家沒

多久，適逢一位朋友買了輛綠色的車子，可他家居然有人受不了那顏色，沒法看那車子一眼。我因為太喜歡那顏色，知道有人嫌惡，不免覺得驚訝。我想到，搞不好還有人打算去除掉大自然中的綠色。

我自白日夢中醒來時，目的地也到了。安頓好自己，用過餐，開始慢慢沿著史崔生路（*Strathearn Road*）往郵局走，打算去那兒發一封電報。這時雨勢已經變大，我並不想此時就開始觀光，可到達郵局時，突然被遠處屋頂、樹梢後灰藍色霧濛濛的小山輪廓吸引。那山看來不遠，我忍不住想要立刻認識它。我跨過馬路，走上波佛特路（*Beaufort Road*），一邊伸長脖子，一邊沿著狹路不斷往前走。當我走在建築高牆邊時，那山忽然不見了，直到接近聖凱瑟琳農莊（*St. Catherine's-in-Grange*），才再度出現。大雨中，那輪廓看來模模糊糊，山型似乎很熟悉，我停下來，啊──對了！烏龜！一隻巨大、文風不動的烏龜。在雨中，那岩石的輪廓看來柔和，但仍似強硬的龜殼。家鄉九江的龜山湧現心頭，兒時，我在那兒放風箏，度過無數快樂時光。我想著，承平時期，孩子們也上這蘇格蘭小山放風箏嗎？

由寬闊的達契斯路（*Dalkeith*）望去，小山完全浮現我面前，我很驚訝空間的障眼法。站在密密麻麻的房子附近，我的眼睛和小山之間，沒辦法造成距離的幻覺。它看來很近，高聳於兩棵大樹之上，在灰色

雨濛濛的天空下，顯示出完美的藍色輪廓。可如今，遠離了建築，清楚看著那山，它反而變遠了！隨著經驗增長，我日益相信空間在中國畫裡的重要性，再一次，我了解到我們宋朝大師在空間利用上的神乎其技，這點在山水畫裡尤其明顯。他們知道，藝術家如果將視線所見全部畫到紙上，畫面必然擁擠不堪，需要空間透透氣。如果拿掉一些東西，以留白取代，無論實際上或想像上，畫面才可能取得平衡。

如今，我到達公園路底，可直接連上山徑，而小山的形狀變了。它看來不再像烏龜，而像——坐著的大象！我左邊的岩石是頭，連下去斜斜的山坡是象鼻，輪廓看來清楚明顯，然而天空又開始飄起毛毛雨。中文有一種說法叫「領略」，我盡力想要領略那斷崖、岩石、山頭、曲徑之美。四周一片寧靜，然而到處充滿活力，無拘無束、自豪、沉穩、勤勉，正是蘇格蘭人最名實相符的性格。那些山儘管看來巍峨，卻似乎正對著我笑，好像早先就見過其他中國人。我感覺，我們之間早已建立了堅定的友誼，我很快樂。

景色快速變化，大自然展現神奇力量。大片白色霧靄升騰而起，一層接一層，湧入兩處缺口，那兒有小徑通向未知天堂。霧靄似乎準備包圍整座山，吞沒所有景色。不久，山谷就布滿了霧靄。我感到輕盈友善的白色小顆粒觸在臉上，一顆顆嬉鬧著碰碰我的臉，又跳開了。

接著又一小群一小群向著我推擠，我因此往後退了一步嗎？那觸感真舒暢！我想到了一個明顯類比：人類一旦團結起來，必可消滅個體無法擊敗的邪惡力量。

很快地，斷崖、岩石、小徑全都沒了，可是象山還看得到。大象的耳朵很小，我覺得很自豪，分辨得出那是印度象，不是非洲象。這種瑣碎知識也可以讓我們虛榮！我的大象似乎讓霧靄托高了些，輕鬆知足地坐著，無視一波波到處瘋狂互相追逐的霧靄，小小的眼睛一點都不受干擾。我經常對大象的生理結構感到好奇，好奇那龐大的身體和小小的眼睛，好奇那知足的性情。

最後它似乎厭倦了坐姿，有一陣子，穩穩地飄在雲海中，然後像安徒生童話的「飛天箱」，蹲伏在雲霧頂端，只不過這箱子不是木頭做的！想到為我的大象取了「飛天箱」這完美名字，我不禁失聲一笑！

那天稍後我買了份愛丁堡的晚報，讀到有關「亞瑟王寶座」（Authur's seat）的報導，看來，這才是我那天一早所見山丘上岩石的名子。我嚇了一跳，我完全誤判了那山和那岩石的形狀，蘇格蘭人一直當它們是獅子。我記得在布豐（Buffon）的《自然史》（Natural History）上看過下面這段文字：

● 晨霧中的亞瑟王寶座

人類之外，大象在動物界最值得尊敬……大自然裡每種生物都有其真正的身價，和相對的價值；若由此判斷大象，我們發現，牠至少擁有海狸的判斷力，猴子的靈敏度，小狗的感性。除此之外，牠在力量、體型、壽命上還特別占優勢……驚人的力量外，牠具有勇氣、謹慎、冷靜並百分之百服從；即使最熱情的時候，牠也懂得節制；牠忠於愛情，不會一時衝動；盛怒時，牠不背棄朋友；牠從不主動攻擊，除非遭到冒犯；牠記得所受的恩惠與傷害……本質上，牠不和其他動物作對。其他動物全都喜歡牠，因為牠們尊敬牠，沒理由怕牠。

我深感安慰，既沒有誤解蘇格蘭，也沒有因為不當詮釋，給人錯誤印象！

● 坐著的大象

不實之爭　False Competition

　　我的住處附近有許多安靜道路，出門散步時，我通常取道最近的一條。只要走上馬曲芒路，羅伯生紀念教堂（*The Robertson Memorial Church*）（以前是葛來格教區教堂〔*Grange Parish Church*〕）高高的尖塔和時鐘一定首先映入眼廉。我從沒進過那教堂，可是有一天，我發現自己正走在葛來格墓園的小徑上。我想到，那兒一定埋了些名人，一定有許多有趣的相關故事，只不過，身為外國人，來自千里之外的國家，我對他們卻一無所知。忽然間，我的思緒飛了起來。

　　我常常想到，人類記憶容量有限，記憶力也有限。比如，想想看，在我國四千年歷史中，我得記住多少人名，多少事件。記住我一百年前、一千年前的祖先就已經夠費力的了，如今，還得記住許多其他國家的人名和事件！儘管費盡心力（我相信在中國的英國人一定也有同樣感覺），我發現，想搞清楚旅行時碰到的許多著名人物，還是非常困難，有時連將名字正確念出來也很吃力。不過，我們卻理直氣壯地認為，別人應該記得這些事。我們似乎覺得，記憶力應該無止境地增

加，而事實上，記憶力是有限的，於是一旦達到限度，有些事難免就會給忘了，好騰出空間，裝其他東西。

如今，處於戰後世界，每個人都在喊，要增進國際間互相了解，於是我們得較以往記住更多別人的事情。我們辦得到嗎？每天，新人物崛起，新事件出現。真希望，我能生在人類文明最早期的單純時代！較之我們，下一代還有更多事情得記住，他們恐怕還會羨慕我們！至少，我們可以不再增加名字，不浪費他們有限的腦容量，減輕一些他們的負擔。不過，看看那些想盡辦法「出名」的人，那些崇拜名人的人。在現代宣傳方式推波助瀾下，那些名字還不斷地在累積。人們從不想想，其實，他們在這世上時間短暫，影響有限；他們甚至不在乎別人是否還有足夠腦容量儲存他們的名字。值得欣慰的是，身在西方，至少我得以選擇該記住的或該遺忘的，因為，我有個藉口：我是中國人。

這所有想法，都在我看到葛來格墓園墓碑的瞬間，飛馳過我心中。雖然無法阻止別人前來憑弔，埋在墓園裡的人也許從不希望死後還有人記得他們。他們更絕對想不到，會有個如我這般長著杏眼的人來探望他們。我趕緊加快腳步，離開了墓園。

我沿著克爾格斯登路（*Kilgraston Road*）走下去，一個人都沒有。早晨

空氣使我神清氣爽，太陽露出了臉，讓人油然而生和前兩天完全不同的感覺。我跨過奧斯華路（*Oswald Road*），轉往右邊，兩名穿軍裝的美國人攔住我，向我問路。我沒法回答他們的問題，他們於是繼續前行，還大笑出聲。我不知道他們笑些什麼，但一定就像中國俗話說的「問道於盲」。我也自顧自輕聲笑了起來。

我穿過一道門，在黑津丘（*Blackford Hill*）腳下的池塘邊站了一會。我留意到，池塘另一頭公園座椅上，坐了名大約十三歲的女孩、一名年輕得多的女孩，和一名五、六歲的男孩。我心想，他們怎麼不似海德公園蛇型湖（*The Serpentine*）邊的小孩那樣站在水邊餵鳥？三隻天鵝和幾隻鴨子悠哉地游來游去，似乎不在意沒人理會。池塘一角幾隻白色海鷗，靜靜地一聲不吭，又和倫敦的公園不一樣了。我想起那些再熟悉不過、為了討食而發出的凶惡叫聲，眼前景象便不期然透出一股異於尋常，甚至難以置信的寧靜。我想道，大自然裡每種生物都各自扮演著怎樣不同的角色，大自然又賦予她的追隨者怎樣不同的心情啊！即使我自己，在那一刻，在想著那些小孩、甚至那些小鳥的時候，毫無疑問，也成了特殊景觀的一部分。

小池塘裡幾隻白色海鷗又讓我的思緒飛了起來。我年輕時沒見過成群海鷗，畢竟我的家鄉位於內陸，不過，我讀過許多相關的詩，由我

國偉大詩人所寫。宋朝詩人黃庭堅的兩句詩至今仍然縈繞我耳際，雖然我那上了年紀的老師向我描述詩中景色時，我才十三歲，可是老師後來卻常常朗誦給我聽。下面就是這兩句詩：

江南野水碧於天，中有白鷗閒似我。

他還說過另一位著名學者李昉的故事。李昉的花園裡有五隻鳥，種類各異，也就是他口中的嬌客。鷺鷥是白雪客，鶴是仙客，孔雀是南客，鸚鵡是隴客，海鷗是閒客。在我們的文學裡，海鷗一直都象徵「悠閒的紳士」。雖然知道了這象徵，日後在上海、青島、香港、海南島旅遊時，我卻一直沒法證實。等我遇上了倫敦喧譁的海鷗，這說法就更不可信了。我甚至開始懷疑，我國文學家是否具有正確觀察事物的能力？畢竟一般認為，中國人缺乏科學頭腦。如今，我終於了解，我根本不需要懷疑。散布在小池塘上的白色海鷗安靜又自在，不會為了鴨子的呱呱叫聲轉頭，就連水上的漣漪也打擾不了牠們。牠們不露出貪吃相，沒有其他窮凶惡極的模樣；既能在池塘上游蕩，也能自由自在飛去他方。這難道不是真正「悠閒的紳士」嗎？也許你會說，天鵝也過著悠閒的生活。對此，我只能說：天鵝絕非紳士，而是

江南野水
碧於天中
有白鷗閒
似我
黃庭堅句

勢利鬼，牠那長長、驕傲的脖子和邪惡的眼睛已經說明了一切。

不過，我得承認，並非所有海鷗都是悠閒的紳士，最起碼，倫敦公園裡的就不是！全世界最繁忙的城市還是不適合悠閒紳士的，金錢和虛名的誘惑畢竟太大。倫敦海鷗變得強烈渴望人們的餵食，甚至為此放棄天生該是牠們吃食的魚類，屈就乾巴巴的麵包屑。由此可知環境對人影響之大，我絕對要謹慎！

我國古代詩人一定不知道，海鷗也住城裡，否則，他們肯定不會選擇這鳥象徵「悠閒的紳士」。

若依我對倫敦有限的社交生活判斷，我會將倫敦海鷗比作戰前參加大型宴會的花俏女孩，開開心心聒噪不停；黑津丘附近的海鷗則像安靜、單純的鄉下美女。如今一股腦國際化的趨勢，似乎已讓鄉下土味無處立足。由藝術和美的觀點而言，我還是喜歡「鄉下土味」和地方特色。為此，我又多看了黑津丘附近的海鷗一眼。

順著台階往上走幾步後，我踏上山坡的青草地。我逐漸往上爬，下方池塘的漣漪消失了，海鷗成了小白點，直到最後，池塘變成歐洲房子牆上常見的橢圓形鏡子，白點則似積存了幾個月的灰塵（對此，我不禁報以一笑，為著戰時缺乏清潔服務）。

由站立的半山腰往上看，我可以見到城堡頂端，也看得到亞瑟王寶

座的山頭。忽然間，我產生了一種兒時常有的慾望，想要站在黑津丘頂上，和亞瑟王寶座比個高低。因為黑津丘似乎比遠處的亞瑟王寶座高得多，我頗具信心。我背著身往上爬，眼睛緊緊盯著亞瑟王寶座。它似乎隨著我不斷高升，同時，我們似乎也同時靜靜立著，望著下方朝我們微笑的房屋、樹木。最後，房屋、樹木都在霧氣中消失，亞瑟王寶座卻在遠方巍巍立著，輪廓完美。我有點氣自己，居然一度以為可以像俯瞰立體地圖般，由黑津丘上俯瞰它。

不過，為了占個較高較有利的位置，我還是繼續背著身往上走，直到撞上個忽然由金雀花叢衝出的男孩。我抓住他手臂，免得他跌跤。他笑著說「抱歉，先生。」花叢邊站了兩名年紀更小的男孩，看到我們撞在一起，哈哈大笑出聲，顯然他們正在玩躲迷藏。我朝他們打了個招呼，他們立刻害羞地躲到花叢後頭。我向第一個男孩解釋背朝向他的原因，並問他是否曾有過同樣念頭。他看來茫然，並表示，亞瑟王寶座較黑津丘高。我開始覺得，自己像個傻呼呼的大人。為了好玩，小孩也許會背著身爬山，但絕不會想到要跟另一座山比高低。我們大人經常以為自己了解小孩的心思，其實，我們自己的心思已經變得太複雜、太混亂，根本無法理解小孩澄澈的內心世界。不過，不管傻不傻，我私下和亞瑟王寶座進行的比賽還是讓我覺得挺好玩的。

我繼續待在山上，三名小男孩已經跑下了山。我不知道，他們是否正討論著所有聽說過有關中國人的怪事、莫明其妙的舉止。不過，也許這又是我世故地想太多了。

接下來，出現了一位男士、一位女士和一位四五歲左右的小女孩。一名老年男子跟著他們走到地圖旁，朝幾處地方指指點點。小女孩聽從指示，站在地圖旁，她父親打算幫她和老者照張照片。突然，颳來一陣強風，小女孩的帽子給吹掉了。她朝著帽子伸手雙臂，好似也要飛走了般。他們全都笑起來，朝著帽子跑去，然後就由我視線中消失了。我很好奇，不知道帽子飛起來的剎那，相機快門是否按了下去？然後我看了看他們選擇的照相地點。現代攝影術照近景還可以，對於高度和景深就完全無法掌握了。由我立足之處往我身後取景，絕對無法照出那感覺。每樣東西都蓋了層毛絨絨地毯般巨大的白色霧靄。遠處亞瑟王寶座仍然充滿尊嚴，非常寧靜。我知道它就在近處，然而霧靄卻讓我產生錯覺，認為它很遙遠。我想到天氣好的時候，由卡爾騰丘（*Calton Hill*）上見到福思灣（*Firth of Forth*）裡怡曲其島（*Inchkeith*）的景色。不過，那小島讓人感覺很

遠，而非很

高。亞瑟王

● 黑津丘

寶座不同，似乎給高高地拱在天空裡白中帶紫的雲海之上。望著眼前的色彩，我忽然想到，對了！這正是蘇格蘭石楠花開的季節，黑津丘坡上也許全都蓋滿了這花。那淡紫色彩也許正是石楠花吐出的蒸氣，並沾染了霧靄。紅色熱情，藍色冷靜，紫色溫暖而安寧，整個城市正沐浴在寧馨中。

我在這兒盤桓良久。一隻白色海鷗高高在我頭頂上振翅飛翔，與我做伴，我於是做了下面這首詩：

　　巉石蹲如象，蘇人呼作獅。

　　憑虛何曠達，古貌足威儀。

　　萬戶雲中失，孤禽風裡嬉。

　　逍遙無一念，佇看不知時。

遠坐愛丁堡獅子山 呦

巉石蹲如象蘇人
呼作獅憑虛何曠
達古貌足威儀萬
戶雲中失孤禽風
裡嬉逍遙無一念
佇看不知時

意外見聞　Unexpected Informations

　　對於宋朝大詩人蘇東坡及時行樂的觀點，我一直心有戚戚焉。他在〈超然臺記〉中寫道，每件事情一定都有美好的一面，因此，無論多麼微不足道，我們都該自任何經驗中找到樂趣，不該老想著特例。他還說：「夫所爲求福而辭禍者，以福可喜而禍可悲也。人之所欲無窮，而物之可以足吾欲者有盡，美惡之辨戰於中，而去取之擇交乎前，擇可樂者常少，而可悲者常多，是謂求禍而辭福。夫求禍而辭福，豈人之情也哉？」這當然違反人的本性，不幸的是，人總喜歡做些矛盾的事，可又毫不自知。對未來充滿期盼的人不見得能夠達到目標。也許很多人像我，從不期盼什麼，結果總能在無意中享受到樂趣。我在愛丁堡的第一個周日就證明了這點。

　　猶如前面所提，我抵達愛丁堡時，正下著毛毛雨，到了晚上還雷雨交加。舟車勞頓後，我累得沒法思考，不想計較隔天是否得冒雨漫遊。不過，在這國家待了幾年，我倒是從不覺得雨中散步有何不妥。我在其他書裡解釋過不只一次，每回透過雨幕，看到熟悉景物添了新

的動人光彩，我對雨的好感就會加深一層。我也是凡人，下雨時，如同別人，衣服也會淋濕。隨著時間流逝，雨水似乎愈來愈喜歡我。我在這多雨的國家旅行時，無論上那兒，它總跟著我。英國島嶼上，絕大多數地方終年雨水充沛，至於蘇格蘭，則更不遑多讓。正因如此，我覺得，雨水至少帶給蘇格蘭人一個極大好處：較之英國其他島嶼，這兒的城市、鄉鎮、村莊都乾淨得多。儘管心裡惴惴不安，早上醒來時，我卻見到了陽光普照的大晴天。一束陽光穿過窗間隙縫，透過黑沉沉的簾幕，直接照在我的床上。雖然對雨水情有獨鍾，我並不因此排斥陽光，特別是意外出現的陽光。

匆匆吃過早餐，我準備妥當，打算慢慢走一段長路。不似多數旅遊者，我沒有事先參考旅行指南安排行程的習慣。我喜歡「領略」路上碰到的景物。沒了旅行指南，原本輕易可以到達的地方，可能得大費周章，我甚至可能錯過一些著名景點。但無所謂，那是我的旅遊方式。

愛丁堡雖然是首都，卻不似倫敦；它充滿學術氣息，但不似牛津。猶如牛津，我希望在這周日早上，見到一個沒有巴士、沒有電車的安靜城市。不過，意外隨之而來，才離開住處，我就見到了來來往往奔馳不斷的電車。怎麼回事？這些電車似乎都是帶著乘客上教堂去的。

● 雨中的聖吉爾大教堂

來了這兒沒多久，我就留意到，我的住處附近教堂不少。由四處可見的高塔和尖頂判斷，愛丁堡恐怕和牛津一樣，有許多教堂——我該學蘇格蘭人說「克可思」（kirks）。

我發現，我可以坐電車，也可以沿著電車道穿過美道公園走到王子街，只不過，雨後草坪鮮綠的色彩立刻排除了前一選擇。我的雙眼被刺激得幾乎張不開，我的雙腳停了下來。立於一片鮮嫩中，我覺得血液不停快速流竄。我左邊房子上方露出了一點古堡頂端的輪廓，我右邊遠遠的一叢樹後，陽光籠罩著紫色薄紗般的晨霧，巨大而優雅的亞瑟王寶座矗立著。這完全不是我期待中的首都模樣，沒有任何喧囂嘈雜，空氣聞來乾乾淨淨，我還領略到了一股孤寂的快感。

我發現自己朝著佛瑞斯路（Forrest Road）走去。我留意到，面前一群人正由四面八方穿過草坪，聚在一條小路上。除了幾個穿制服的人，大多數人要不是非常老，就是非常年輕。每個人手上都拿了本聖經，向前走著，明確知道自己的目標。雖然我不是基督徒，我卻深為眼前虔誠的景象感動。

聖吉爾大教堂（St. Giles Cathedral）的圓頂從遠處清晰可見。為符合戰時規定，之前我已到警局報到，一位警察特別為我指出那圓頂，故我認得出它。我原本以為人群正朝著大教堂走去，可事實上並不是。大

多數人消失在沿路的小教堂裡。有五位大概來此度假的人，由旁邊的叉路走出來，在托布施教堂（*Tolbooth Church*）前猶猶豫豫，教堂的門還關著。他們不得其門而入，於是和我朝同一個方向前進。我聽說，蘇格蘭人非常虔誠，見過周日早上的一幕，我完全相信。

由銀行街（*Bank Street*）看去，聖吉爾大教堂的圓頂和尖塔傲視全市，非常壯觀。周日早晨，愛丁堡的商業大街不似牛津般空蕩蕩。我才稍微看了看一面老舊方磚和蒲克勒公爵（*Duke of Buccleuch*）的細緻雕像，注意力就移到一群穿過教堂正門的人潮上。我承認，自己對蘇格蘭方言所知不多，可我確信，蘇格蘭人在形容蜂擁穿過教堂正門的人潮時，是以「church skailing」一詞。我參加過許多教堂彌撒，也很想進入大教堂，可我被市集十字架（*Mercat Cross*）吸引住了。眼見時間還早，我跨過馬路，打算看個仔細。

「那是老愛丁堡市集十字架」，一個沙啞但友善的聲音在我耳邊響起。我轉過身，見到一位老紳士，他顯然刻意跨過大街，好提供我這消息。他戴了頂陳舊帽子，帽沿下太陽穴上是銀白色的頭髮。他頰上一條條深紋道出了他的人生經驗和成熟度，一大把豎著的白鬍子則幾乎蓋住了鼻子嘴巴，那立刻讓我想起大約三十年前的一個周日，姊姊帶我去她的教會學校參觀時見過的一個人。那是個外國人，也有這麼

一大把鬍子。也許因爲中國人很少留大鬍子，我對他印象非常深刻。後來，在很長的一段時間裡，我一直以爲，每個外國人都有這麼把鬍子。不過，幾年前，英國人確實流行過這種大鬍子。我在這國家住了許多年，卻很少碰到大鬍子。眼前這人活生生勾起我的回憶，讓我想起往事，使我在和姊姊分離這麼多年後，再度想著和她重新聚首。

我的朋友說，他是愛丁堡數一數二最老的人了，只不過，他大半輩子都待在國外，而且大多在東方。五十年前他去過香港、上海和漢口。說到漢口，我又想起了往事，因爲漢口正位於長江上游我的家鄉九江之上。由上海搭船去漢口，一定得經過九江。我告訴我的朋友，我還沒出生，他就經過我的出生地了。我聽說，沒有人能逗蘇格蘭人發笑，除非提到自己的童年，我的朋友證實了這說法，因爲他哄然大笑了起來。我生於中國，沒法想像蘇格蘭人年輕時可能經歷過的事，不過，機緣湊巧，我卻讓這愛丁堡老人痛快地大笑一場。

我發現蘇格蘭人和中國人之間有許多相似之處，其中之一就是西方人常說的，中國人漠然的神色。有時，我們還被描述得如同猿猴！這老人臉上的皺紋和歷經風霜的外表，自然讓他看來深不可測。在我看來，表情平淡的人最適合在臉上掛著一成不變毫無意義的微笑。一旦我們中國人想笑的時候，就會像此刻這愛丁堡老人和我，全心全意地

放聲大笑。

此刻我的新朋友問我了：打哪兒來？來這兒觀光嗎？我回說，剛由牛津過來。他表示，牛津挺有趣，但愛丁堡更好玩。爲了提高我的興趣，他告訴我，從前每逢國王生日和其他重大慶典，都會有滾滾成河的紅酒淋在這十字架上。他接著叫我跟他到查爾斯二世的雕像前，他指著鉛馬，找出其中特別有趣的細節。然後他帶我到原爲墓地的國會廣場前，欣賞約翰・納克斯（*John Knox*；註1）的黃銅墓碑。看到幾名穿軍裝的美國人正繞著國會大樓走，他想到，某扇門上有段關於哈佛的文字，我們於是開始找那門，但什麼都沒找到。他表示，這些美國人對愛丁堡似乎了如指掌，我說道，這可能與他們的蘇格蘭背景有關。他又笑了。在傳承和尋根方面，美國人和中國人倒是挺相似的。

我在儒家敬老的教誨中長大，眼前老者卻熱情地帶著我參觀舊城區，這種愛心讓我深深感動，我緊緊跟著他。首先我們參觀了瑞德院（*Riddle's Court*），他告訴我，那房子屬於十六或十七世紀一名非常有錢的商人，商人常常宴請詹姆士六世和他的皇后。那房子有個天井，只不過，大小還比不上我中國家裡的天井。房子裡有股與世隔絕的味道，也許正因如此，皇室成員才喜歡離開城

● 市集十字架

堡，到瑞德院尋歡作樂。

　　聽到國王與富商間這種不尋常的關係，嚇了我一跳。在中國，大約二千五百年前，無論貧富，商人的地位都被孔子貶得很低。孔子認為，國家統治者理當關懷子民的行為和幸福，因此四周應該圍繞著正直文人和賢士。儒家思想覺得，商人重利，而且，為達目的，不擇手段，經常不是靠著自己努力，而是靠著剝削別人的勞力獲得利益。這種缺乏自我犧牲精神的行為，絕非國家統治者的榜樣。我國老祖宗是有著如此深刻的理想啊！在中國綿長的歷史中，到底有多少統治者真正將個人理念具體化？如果我們的思想沒有被這種高度理想禁錮，我們也許可以制定更實際的制度，實實在在完成每個人分內的事。商人在中國社會的地位既然如此之低，任何有野心的人都不會選擇從事這行業，只一心一意想當個文士。不幸的是，文士也有很多種，只有極少數人正直而有智慧。即使文士之間，富裕者也比貧窮者要孚眾望，無怪乎絕大多數人都要不擇手段當上政府官員，才會滿意於自己的成就了。這麼一來，中國就不幸出現了腐敗的官僚體系，工業與科學更停滯不前。經歷過二次大戰，我們的心胸變開闊了，

● 史德爾女士巷

我想，未來我的國家一定光明又充滿希望。

這段時間，想了這麼多事，我不知不覺微微笑了起來。我的同伴以爲，我之所以笑，是因爲認同了他所說的故事，於是說了更多奇奇怪怪的故事。接著我們參觀了些巷弄，其中包括史德爾女士巷（*Lady Stair's Close*）。我禁不住他的慫恿，走了一小段迴旋樓梯。那裡面暗沉沉，行走非常困難。那經驗讓我想到，英國人爲何能夠發明煤氣、煤油、電力等照明設備。回程路上，我的同伴帶我看了大街上舊監獄牆上的青銅標誌──米德洛西恩之心（*Heart of Midlothian*），以及狀似大寫字母「I」的黃銅記號，標示了愛丁堡最後一次公開處決囚犯的所在地。他告訴我，當時唯一留有照片的死囚是名法國人（我沒聽清那名字），他毒死了自己的太太。他表示，他大概是這世上唯一知道這事的人了，因爲那法國人在他學校教過書。他一定誤當我爲孜孜不倦的歷史學家了！我沒點破他，只笑了笑，什麼都沒說。

在大街面對蘇格蘭紀念碑的一塊空地上，我的消息來源告訴我，天氣好的時候，可以由那兒看到福思灣。那天雖然有陽光，卻不幸霧濛濛的。接著他立刻向我道別，並在我能好好向他致謝之前，轉身回家了。陌生城市裡這類意外的友誼總能深深感動我，我也因此更相信了人性本善的說法。他有一點讓我覺得非常有趣，我們在一起的時

候，他一直不斷吸著叉在折疊小刀上的一截雪茄屁股。我覺得不可思議，那也證實了我所聽過的說法，蘇格蘭人生活節儉。許多人當那是笑話，我卻佩服蘇格蘭人的儉樸，這意謂著他們懂得珍惜事物。我相信，蘇格蘭人在適應戰時的各項管制時，一定不會太困難。這點蘇格蘭人和中國人頗相似，我們也了解節儉的重要。

我的朋友離開後，我覺得應該再繼續逛逛。我往古堡的方向走去，並向右轉上彎彎曲曲的蘭賽巷（*Ramsay Lane*）。對於愛丁堡舊城區有了大略第一印象後，這段下坡路走來格外輕鬆。我知道，自己得找個時間上古堡廣場（*Esplanade*），徹底鳥瞰愛丁堡全景，但我決定另外找個時間完成那計畫。我輕鬆走著，可是直到蘭賽花園，都沒看到特別景物，那兒已不再是個花園了。我往附近蘭賽旅館門上一些有趣的石雕看了一眼，那雕在石頭或磚頭上的場景，分別是木工、砌磚、豐收。看了雕刻主題，我大概知道了蘇格蘭人的喜好。也許因為本身來自農業國家，我特別喜歡那幅豐收的雕刻。

接著我發現自己站在陵地（*Mound*）上，往下看著山谷，那兒除了蘇格蘭國家藝廊，還有蘇格蘭皇家學院。忽然間，一陣尖銳歌聲引我走向西王子街花園，在那兒，我發現一個四周安了擴音器的台子，人群正在聆聽台上一名八、九歲的男孩唱聖詩。我覺得他純潔、真摯的

● 史德爾女士的屋子

聲音非常動人，清澈、具感染力的歌聲把四周雜音都給掩蓋了，我也坐入圍成一圈的人群裡。有人拿了印著聖歌的單子給我。歌聲告一段落，一個人上台開始針對年輕人發表談話。我不算年輕人，但我還年輕到足以吸收新的知識。我坐著，聽完他的講演。也許對我而言，那人口音太重，有時我一個字都聽不懂，有時則錯過整個句子。那人看來粗壯。由我坐的地方，看不清他的臉。雖然我還不夠格判斷他是否很能喝蘇格蘭啤酒和威士忌，他的姿勢和熱切態度卻讓人覺得，他恐怕酒量還不錯。我留意到，他伸出雙臂時，坐在我前面的年輕人會稍稍往後仰起頭；他將握著的拳頭舉到胸口時，他們的脖子則會往前縮一下。他們像玩偶，身上的線完全控制在他手裡。他說得很好、很動人。他先說到耶穌和拉撒路（*Lazarus*），不久，便說起了中國。我心想，他該不是看到我才改變話題的吧？他說到了我的國家，我怎能不更用心聽個仔細呢？

他說道，大約四、五十年前，一個宣教團的團長在倫敦召開會議，詳細說明中國受苦受難大眾急需宣教士幫助的情況。會議結束後，聽眾裡竟沒有一個人站起來，志願承接這任務。台上說話的人（我猜他是蘇格蘭人）回家後非常沮喪，把自

● 從古堡大門望向古堡廣場

己關在書房裡。黃昏時，他小女兒透過鑰匙孔，看到父親跪在耶穌畫像前禱告。她立刻開了門表示，她已決志，要將一生獻給上帝，從事他剛才提到的工作。她的父親大喜過望，兩個人於是跪下一起禱告。不久他兒子也來了，透過鑰匙孔看見妹妹的舉動，也開了門，表示也要從事相同志業。不久，兄妹倆前往中國為宣教團工作，而且，毫無疑問，拯救了一些我們同胞的靈魂！

那人故事說得很好，我很高興有機會聽到。說不定，我在姊姊教會學校見到的神父就是這男孩，女校長就是男孩的妹妹。我希望還記得他們的名字。

回家的路上，我心想，為何從前大家都不喜歡去我的國家？我記得在馬可孛羅的遊記裡讀過，十三世紀時，這位偉大探險家的父親和叔叔受忽必烈汗委任為特使，前往教廷，「請求教宗派遣一百名既有學問，又熟悉基督教義和七藝的人，清楚明白地向忽必烈汗的智者證明，較之其他信仰，基督教不僅優秀，而且真實。」馬可孛羅還說：「忽必烈汗高興地強調，他崇拜耶穌，也視耶穌為真主，他們（馬可的父親和叔叔）回來時，應該自耶路撒冷耶穌基督墓前永不熄滅的燃燈裡，帶回一些聖油。」

當時沒有傳教士來到中國，不過，我一直想不通，基督教義為何

無法在中國得到更多人認同？我不是基督徒，不過，旅居這國家期間，我讀了些基督教文宣，也一直很訝異，儒家思想和基督教教義竟然如此雷同。由西方宗教觀之，孔子絕非宗教領袖。信奉儒家思想的人不舉行宗教儀式，不過他們知道仁慈、美德的重要，相信進退有常的道理，男子要彬彬有禮，還敬重長輩、祖先。這些不就是基督教教義嗎？我一直以爲，我們和我們的基督教傳道人之間如果沒有互存偏見，互認對方爲「野蠻人」，較之其他宗教，基督教在中國應該更受歡迎才對。在中國，直到最近，基督教學者和儒家學者才直接產生接觸。也許，語言上的差異使雙方的溝通變得困難。我認爲，孔子的學說太過理性，完全沒想到，他的觀念會將我們局限於家族的小框架內，無法發展出以人類禍福爲己任的世界觀。他學說的這個弱點，多少得以基督教信仰加以彌補。我希望，儒家學者和基督教學者能廣泛交流，不存偏見地討論各自觀點。他們努力的結果一定能嘉惠我國和世界其他地方。不過，唉，我們怎麼可能不互存偏見呢？

註：

1. 約翰・納克斯（John Knox，1505, 1513或1514 – 1572)。蘇格蘭新教改革領
   袖，完全承襲加爾文神學，使蘇格蘭教會在體制上走向長老制。

絕妙焦點　Ingenious Focalisation

　　愛丁堡古堡在每個蘇格蘭人心裡多少都占了一席之地，即使從未在自己祖國土地上住過的人，也不例外。我一直不明白其中緣由，除了古堡的位置，除了歷史上的重要性，一定還有其他原因。我不是研究地理的人，沒法一看到蘇格蘭地圖，便指出愛丁堡的位置；同樣，我不是研究歷史的人，沒法由中國人的觀點討論蘇格蘭歷史。雖然如此，在這兒的這陣子，我不僅開始體會蘇格蘭人對愛丁堡古堡的深厚感情，我自己也深深迷上了它。

　　好幾位愛丁堡作家和歷史學家告訴我，由於年代久遠，有關古堡起源的記載早已不復可尋。他們說完這話，為了提高聽眾興趣，會加上一句：神聖的瑪格莉特女王十一世紀時住在那裡，那相當我國宋朝中期。由於來自一個具有四千年歷史的國家，我總情不自禁要追溯事情的根源。我喜歡想像，如同世界其他地方，愛丁堡還覆在一整片汪洋大海之下的時候。接著，幾世紀過去了，海水退潮，我相信，古堡巨石和亞瑟王寶座由一片土地中屹立而出。在這屹立的土地上，野獸和

人為了生存互相搏鬥。這期間，人或許會想辦法尋找庇護，免受這些史前凶悍動物攻擊，還有哪處比巨石古堡更理想的呢？漸漸地，蘇格蘭人祖先中最聰明的人想到方法，堆起巨石，粗具雛形的堡壘於是出現。這堡壘經過整修，岩石上終於聳立起了今日的愛丁堡古堡。

我不知道粗具雛形的堡壘出現於何時，但我猜想，應該是西元前二世紀，我們祖先修築長城的時候。如果你不同意我推測的年代，我只能說，既然今日的蘇格蘭人和中國人有許多相似之處，在遠古時期，一個民族自然沒理由較另一個民族落後。我所知唯一的證據是，中國人比蘇格蘭人挖掘出了較多的古蹟。你也許會問，蘇格蘭祖先為何不在亞瑟王寶座上尋求庇護？或在那兒蓋個城堡？也許他們蓋了類似東西。不過，由土地四周突出的地形判斷，那兒很可能有茂密森林，布滿了人們避之唯恐不及的野獸。當然了，這都只是我的想像，不過，這也許真能解釋蘇格蘭人那麼喜歡愛丁堡古堡的原因。

另一方面，與古堡的歷史相較，人們也許更熱愛它的現代風貌。無論對當地人或觀光客而言，愛丁堡古堡絕對都是迷人景點。它親切、友善的城牆總引得人向它靠近。它早成了愛丁堡及周邊地區的中心點，沒人能忽視，也沒人感到厭倦。它隨著氣候變化不停改變面貌。我自己是深深迷上它了，由不同角度看去，那感覺永遠都不同。

我前面提過，1937年八月一個晚上，我見過古堡的燈光照明。那效果雖強，古堡卻因此少了原有的壯麗。我覺得，無論後來有多少回嶄新經驗，一件事物埋在人心中的印象永遠都不會改變，因此，因戰爭而無法再次見到燈光照明，我一點都不會感到遺憾。自然恆久不變，是人糟塌了這個世界。

我不只近距離、也遠遠地繞著城堡走過。整體而言，我發現，遠距離時感覺最好。且容我說說我的第一印象。

有一天，天清氣爽，在皇家植物園（*Royal Botanic Garden*）順著水池、花床、溫室走了一圈後，我發現自己立於岩石園（*Rock Garden*）最高的石頭頂端。當時是午餐時間，遊人不多。遠處教堂的尖頂、高塔和許多高聳建築的屋頂，都在霧氣中若隱若現。那是蘇格蘭夏天最舒服的氣候，不太熱，正適合散步。每樣東西都安寧、平和。天空並非碧藍色，厚厚的雲朵高高懸在頭頂。忽然，我被一道穿過金色雲朵，直直照在古堡上的陽光暈眩了雙眼。那幾乎就是白日的「照明燈」，我想像有個人正躲在雲朵後操縱著燈光，像在戲院裡一樣。只不過，這光線卻不是人工的，金色光芒舒坦地充滿我的雙眼，那光輝讓我整個人感到暖洋洋。圍繞古堡的尖頂、高塔、高聳建築變柔和了，不再那麼顯眼，可是古堡變得明顯，雄偉而壯麗。陽光投射在上頭，雲朵似乎

給嚇著了，保持著一段距離。如此美景與光芒有可能以畫筆、畫布或任何其他方式保存下來嗎？只能留存在我心裡了。

另一次，我則對古堡則有著完全不同的印象。我爬上可思妥（Corstorphine）附近動物園小丘的後坡，並在坡頂休息。那天陽光明麗，天空萬里無雲，一片蔚藍。這麼難得的景色，我想是維持不久。果然，幾撮毛絨絨的雲朵很快就四處出現在一望無際的藍天上，看來頗有裝飾效果。它們移動著，有些聚在一起，在古堡上方形成陡峭的一大塊，並往古堡投下一片陰影。在四周建築明亮、細碎的襯托下，古堡出現明顯而奇特的對比。我自娛地想著，那一大團白雲不正像個棚子或大傘，為坐著的非洲酋長遮住了熾熱的陽光？古堡看來冷靜、涼爽，我走上坡後雖然熱的不得了，卻清楚感受到了清新的氣息。

我一向喜歡雨中的古堡，不過，我記得最清楚的，還是一天早上去布來德丘（Braid Hills）散步時，由黑津丘上看到的景象。跨過布來德溪，到達黑津丘，經過山上最高點的標示牌，我找了個座椅，坐下休息。我的視線對著古堡，此刻，在愛丁堡常見的灰色天空下，它正清晰地站在我面前。不久，天空開始下雨，先是一大點一大點紛紛落下，然後便密密麻麻下成了一片。我一動也不動。一道道閃亮雨絲落個不停。天空忽然轉黑，古堡完全消失在視線之外。過了一會，天

● 夏日霧氣中的古堡

空重新轉亮，比原本還亮，我也重新見到古堡，似乎變得離我很遠很遠。我們之間隔著千千萬萬粗大的雨絲，在透明的雨幕之後，古堡看來若有似無，極端眩目，灰色石塊上似乎鑲了寶石。我不相信任何人能夠重造這種深具震撼力的效果。感覺上，古堡似乎不斷前後移動著；雨勢減弱、雨絲變細時，它看來近些；雨勢增強、雨絲變粗時，它也遠了些。更奇特的是，當雨絲被強風吹成斜線時，我竟恍然覺得，古堡也跟著一起吹了起來。可是風一停下，它卻仍然閃閃發光地立在那兒，直到另一陣強風吹來，再度將它吹起。我在回家的路上告訴自己，這古堡絕對是眾神的玩具。

另外一天，颳著強風，我由亞瑟王寶座見到古堡。誰能正確預測愛丁堡的天氣呢？那天氣不是每天、每小時的改變，而是每分鐘不停地在變化。這一天，我坐在下山途中一塊岩石上，面對著城市。我悠閒地看著眼前景色，隨意想些事情，偶而閉閉眼皮，整個人沐浴在蘇格蘭的夏日微風裡。有一會兒，我甚至輕鬆到忘了總是縈繞心中，祖國多災多難土地上遠方的家人。忽然間，昏昏欲睡的我被一陣強風吹醒，顯然，位於我後下方的福思灣就要颳大風了。不過幾分鐘時間，我背後似乎就出現了幾千匹哀鳴的馬匹，以及一整營嘶喊的步兵，想攫走我座下的岩石。我濃密的黑髮全都立了起來，衣服的尾端啪啪打

個不停。可是我一點都不慌，我決定，牢牢坐在原處，等待特別的事發生。強風很快猛烈颳向我，雖然有點頂不住了，我還是設法待在原地，毫不讓步。彷彿打仗般，強風在我面前憤怒地翻滾，並且似乎一股接一股，毫無攔阻，輕易地掃過一切。高塔、尖頂、高聳建築在我面前震動，可是古堡穩穩立著，絲毫無懼來自四面八方的襲擊。在距離外，我可以清楚見到強風憤怒吹著，也見得到古堡上方一大團虎視眈眈、凶惡的雲塊。戰況愈演愈烈，古堡毫不退縮，反而看來更加雄偉。誰不會讓這不屈不撓的精神深深感動？我不是以國王或英雄的眼光，看著自己的城堡淪陷，畢竟我從不冀望自己成為帶兵打仗的英雄，而像是看見相似的靈魂，面對邪惡困苦時不輕易動搖信念。我的精神受到了鼓舞，我知道，想要克服困境、獲得快樂，我一定得像古堡，穩固而堅定地立著。我感激地站起來，伸手向古堡行了個禮。

如今強風停了下來，一陣微風吹起，似乎要將我由亞瑟王寶座帶起，吹到古堡岩石上。我張開雙臂，準備擁抱古堡！

「今天晚上，明亮月光會為你出現。」我住處的女房東一天進我房間收拾晚餐盤子時告訴我。聽了這話，我開始出現私心，那人性最深層的弱點。我一直嘗試抑制自己這方面的弱點，可這弱點不易發現，

即使發現了，也不易抑制。我喜歡蘇格蘭人講「爲你」（for ye）。對蘇格蘭人而言，那是「爲你」（for you），對我而言，卻是「爲我」。只要想到，月光會爲我出現，我就忍不住感到興奮。我一到外面馬曲芒路上，立刻察覺，可怕的自私心已經悄悄占據了我。我覺得，月光是我一個人的，我不要和其他人分享。王子街花園和美道公園上雙雙對對一群一群的人，都只知道利用月光，不懂得和她產生親密接觸，我於是決定，我要由激進街（Radical Street）底一路陪她走到撒利拜瑞斷崖（Salisbury Crags）。在那兒，沒有吵鬧的交通干擾，萬物全都歇息了。空氣非常清新，月光純白到令我發寒。說來奇怪，隨著四周環境改變，一個人的感官認知也會發生變化。如果在中國，我一定會開心迎接炎熱夏夜涼爽的月光。

月亮和我一路融洽地前行，直到最後我坐下休息。一對男女笑著經過身邊，我立刻覺得受到了干擾。我變得多自私呀！那次干擾之後，四周就只剩我一人，僅有月亮與我做伴。我腳下陰暗的草地上沒有任何動靜。一片黑暗中，遠方的尖頂和高塔看來模模糊糊，只有古堡輪廓清楚地在月光中顯現，彷彿戴著冠冕的皇后，穿著黑色絲絨袍子和寬大裙子，尖頂和高塔自然是她的朝臣，唯她的命令是從。在緊繃的靜默中，四處流露著優雅、高貴和榮耀的氣氛。

● 周日傍晚大街的月

「它確實為我出現了。」回到住處後，我向女房東表示。起先她不懂我的意思，接著她笑了。道晚安前，她小聲說道，「希望明天也為你出現大晴天。」

卡爾騰丘上都格·史都華（*Dugald Stewart*）紀念碑附近有一小塊岩石，我喜歡在那兒輕輕鬆鬆地想事情。我一天裡各種不同時段都在那兒待過，也在各種各樣的天氣裡去過那兒。我最喜歡一大早和黃昏時候，由那兒見到的古堡風光。

大自然是充滿愛心又仁慈的母親。她不向我們展露真面目，因為她在世界各地都有使者，而在愛丁堡，她的使者就是古堡。依我看，由遠處觀之，古堡和它的岩石就像穿著傳統服裝的女士。她起個大早，趁著沒人，四處忙碌。她慢慢掀起城裡毛絨絨床單似的清晨白霧，喚醒所有孩子（乖的、不乖的），打點他們出門工作。黃昏時，他們倦了、睏了，她便往城裡鋪下一張深色床單似的夜間霧氣。她的孩子滿足地整理床鋪時，她只坐在旁邊看著，直至萬籟俱寂。當然了，她知道，她的孩子個個不同。有些人絕對服從她，有些人難免酗點酒，有些王子街花園附近的人也許還真的很壞！不過，

所有的事終將各歸其位，她一點也

不擔心，畢竟，她是我們慈

● 卡爾騰丘

母的使者，不是嗎？

在卡爾騰丘這處地方，我還見過襯著夕陽難忘的古堡景色。我先低頭在那兒坐一陣子，想要回憶一首很有名但怎麼也想不起來的中國詩，忽然，那詩閃進我腦海，我得意地站了起來，立刻見到眼前由福思橋方向照過來紅色、淡紫色、紫色夕陽中壯麗的古堡。一塊一塊閃閃發光金條似的雲彩，將所有光芒照到古堡上，使後者看來像穿著紫色皇袍的皇后。我看著眼前景象，雲彩慢慢轉成暗紅色，像巨大的紅色金魚飄過天空，古堡皇后則一直在那兒校閱著美景。空氣溫暖、醉人、歡欣。我一動也不敢動，直到那片燦然先沉澱成深紫色，最後化為濃密的黑色。

有好幾次，由花鐘（Floral Clock）下來後，我發現，站在亞倫‧蘭賽（Allen Ramsay）雕像身後幾步遠的地方，可以看到最佳的古堡近景。一天下午，陽光普照，剛剛吃過午餐，我沿著王子街花園往前走，並在這兒停了下來。四周人雖不少，卻沒有人露出匆忙神色，除非他想破壞那安寧氣氛，也或許，昏昏欲睡的空氣讓人慢了下來？我的眼皮沉重，沒法張大眼睛看清附近路邊兩棵大樹間的古堡。雖然古堡整個在我視線之內，輪廓卻很模糊，顏色黯淡蒼白，似乎急於和天空上同樣的藍灰色混成一片。也許是由於古堡岩石周邊，眾多樹木散發出的一

層薄薄蒸氣，既遮蔽住了古堡，也感染到我的眼睛，讓我昏昏欲睡。古堡岩石原本顏色很深，質地很硬，可如今，在夏日霧氣中，卻變淡、變緩、變軟了。人們在岩石下斜坡上四處躺著。一片翻動的葉子都沒有，偶而盤旋而下的海鷗只加深了那靜謐。女士們明艷的裙裝，加上胸口雪白閃亮的海鷗，補償了見不到花朵的遺憾。

那景色太過迷人，我決定畫幅圖畫。

接著我沿環繞岩石的小徑往前走，跨過一座架於鐵軌上的小橋，我發現自己正在羅斯噴泉（*Ross Fountain*）前，並見到古堡不同的一面。那兒人不多，有趣的是，我在岩石旁見到了一大群海鷗。一些海鷗盤旋而下，填補了海鷗群正中央的一塊空隙。我很驚訝，不似王子街公園裡其他地方的一些人，這兩性之間的濃情蜜意似乎淡得多。

我正準備由側門走入強斯頓臺地（*Johnston Terrace*），一位老太太停下，告訴我一件似乎是她覺得很有趣的事。我沒完全聽懂她說的話，但我留意到四周一些人朝岩石伸長脖子，於是我也走了過去。我見到一名上了年紀、穿著制服的警衛、正一步一步痛苦地朝一個大圓石掙扎前進，石頭後面是兩名年輕人，其中一個是穿著紅色連衣裙的女孩。不等那上了年紀的人，年輕人立刻繼續往高處爬，並消失在視線之外。另一名警衛站在岩石底端，大聲叫喊要他們下來，但卻徒勞無

功。最後，他叫他同伴別管了，他們早晚會下來。圍觀群眾明顯較支持年輕冒險家，至少當時看來，他們是勝利的一方。

這事讓我想起不久前讀過的故事，也更相信了那故事的可能性。1314年三月一個月黑風高的晚上，史特斯登（*Strathdon*）的湯馬士・藍道夫（*Thomas Randolph*）爵士部隊裡一名喚作法蘭克的軍人，帶了三十個人，頂著狂風大雨，爬上陡峭懸崖，準備襲擊駐守當地的英國部隊。故事說，他能榮膺那項任務，乃因他曾在駐守古堡時，攀下古堡岩石，探望住在鎮裡的心上人。那段羅曼史竟孕育了後來意想不到的結果！羅曼史和戰爭，都能賦予人們無比的勇氣和膽量。我們歷史中也發生許多類似故事。看來，各國歷史都和羅曼史有著緊密關聯。表面看來，世界各地人類的面貌、語言、服裝或有不同，浪漫情懷卻都一致。只有在現代社會裡，羅曼史才褪色。那兩名岩石上的年輕人讓我想到我年輕時的浪漫美夢。在他們眼裡，那上了年紀的警衛肯定無趣得很！

沿著強生臺地往前走時，我往古堡看了很多眼，直到轉進錢伯思（*Chambers Street*）城裡僅有的中餐館用餐。用餐時，回想著我眼底下所有的古堡身影，並深深相信，一定是它那獨一無二的特殊魅力，才強烈吸引了蘇格蘭人。我自己不也被它迷得團團轉嗎？

● 一大群海鷗

● 從西王子街看見的亞倫‧蘭賽紀念碑

心醉神迷　Mental Intoxication

　　一天早上，我心神不寧，沒法決定該上哪兒去。愛丁堡這奇妙城市還有那麼多地方未加探索，似乎不該光是坐在屋子裡，可我就是懶洋洋的，雙腳不想動。我看著報紙，「戰爭」、「和平」、「包圍」、「逮捕」、「至今最猛烈的攻擊」和「空襲警報」這些字眼開始觸動了我不愉快的思緒。我的心不是鐵打的，我更非不食人間煙火的人，無法免掉世俗的煩惱。每天，報上新聞都會提醒我，我那遙遠遭敵寇占領的家鄉，我家人過去幾年在戰爭中的生活狀況。內心較我焦慮得多的人，還不知凡幾。

　　我經常回憶童年的快樂時光、回憶我的沉默旅行，壓制這些焦慮。於是，此刻我躺在沙發上，集中意志，開始回想過去幾天愛丁堡的旅行經驗。雖然身體仍然疲倦，我的情緒卻放鬆了，我迫不及待打開一本有關愛丁堡的書，是前一天在喬治街一家二手店購買的五本之一。我的閱讀速度較平常慢了些，因為眼前出現了些我不很明白的蘇格蘭俚俗語：Butter Tron、bonny bairn、built his goose-pie villa、Wallace

Gradle、warm study of daills 、the Sair Sanct。自然,我閱讀英文的速度不如中文,我對前面那些字的意思更是一知半解。我在隨身攜帶的口袋型牛津字典裡找不到那些字,於是結論道,那書肯定是爲蘇格蘭讀者寫的,否則也是爲深知這國家的人而寫。雖然閱讀古堡和皇家哩大道(*Royal Mile*)的歷史相當有趣,那些隨處可見的當地俚俗語卻讓我卻步。我拿起第二本書,可是再次遇到同樣難題,其他三本書也好不到哪裡,雖然那些書都有許多其他有趣的地方。特別讓我覺得意外的是,不同作者對於相同事件經常出現不同詮釋。到底誰才是對的?未來又該如何?如果兩、三名蘇格蘭歷史學家對當地事件都無法得到共識,我們怎麼可能期望不同國家的歷史學家,對過去幾年紛擾的世界局勢獲得共識?我完全想不透。我丟下書,出去排隊買些吃的,同時安慰自己,再怎麼說,填飽肚子的欲望,是所有人都一致的。

此時當地的鐘敲了三下,毫不留情地提醒我,這天已經過了一半,四處漫游時我很少留意時間。我發現自己到了西港(*West Port*),一處從前防禦城市的重要據點。我不知道西港沿路上的藝品店在那兒多久了,但由那些攤子和櫥窗的外貌判斷,我想至少也有兩百年了。我不知道是否如同中國人光顧北京的琉璃廠般,蘇格蘭貴族、知識分子、富人也經常光顧這些小店。幾世紀來,琉璃廠一直以藝品店和二手店

● 從青草市場望去清晨的古堡

聞名。過去一百年，由於英國和歐陸等先進國家出現了「中國風」，每個到北京遊覽的西方人都知道琉璃廠，事實上，琉璃廠已經成了許多西方人到北京的唯一目的。即使有了這一批古玩愛好者，瓷器和飾品其實並不足以代表中國的工匠藝術。雖然西方確實因此對我們的藝術品發生興趣，我們也無法否認，琉璃廠的藝品店多少促進了東西方的了解。那些店主也明白，西方買家是最理想的主顧，因為，較之本國買家，他們沒那麼挑剔，懂得也沒那麼多。

我盯著西港的藝品店仔細看時，開心地想，我大概是第一個發現愛丁堡琉璃廠的外國人了，我總喜歡在這種店裡留連一、兩個小時。我進入一家店，上了年紀的女店主由矮凳上站起來，不等我開口就說道：「那些好不好是要，先生，該是要。」由於聽不懂她說的話，我匆匆看過幾樣小東西，謝了她，就離開了。

我走進隔壁店，那老先生見我對幾件小小的象牙雕刻感到興趣，熱心得不得了。那些象牙雕刻是日本製的，被稱為「根付」，卻打著中國藝品的旗號。許多倫敦藝品經紀商都犯了同樣錯誤。幾年前，我曾就著展示的象牙雕刻，向經紀商和陪伴我的英國朋友解釋那錯誤，可他們卻認定，我是對自己國家藝術成就缺乏了解的現代中國年輕人。因此，我很小心不去冒犯眼前這審慎而上了年紀的愛丁堡店主，同時

深不可測地微笑著（我希望我是那麼笑著的）。最後，我付了二先令六便士，買了個一面有維多利亞女王頭像的銅製紀念章。這和我七年前在倫敦卡勒多尼亞市場花了一先令買的紀念章非常類似，只不過我在1940年的轟炸中遺失了那紀念章。我對這紀念章的背景一無所知，可我覺得傷感，一枚好不容易得到的紀念章，不過幾年光景，就隨便廉價賣給了一個顧客。

我在青草市場（Grassmarket）停下來，看著古堡。那景色像極了我所見過的一幅早期英國水彩畫，據說是1751年由桑德比（Paul Sandby）所繪。我由國王馬廄路（King's Stable Road）和強斯頓臺地走了無數臺階上到古堡廣場，我以前喜歡上那兒俯瞰愛丁堡美景。今天，走過窄窄的階梯後，眼前一望無際的景色看來更遼闊了。正是所謂的「先苦後甘」！

我排在一隊人後面，緩緩向前移動，想要進入聖瑪格莉特禮拜堂，那是蘇格蘭最老的有頂建築。門旁，一名穿制服上了年紀的守衛正解釋些什麼，可是他的蘇格蘭話講得太快，我沒聽懂。於是，我設法回想當天早上讀過關於聖瑪格莉特的種種。據說，瑪格莉特女王的夫君死於戰場之後，她本人也於1093年十一月十六日心碎而亡。藉由一團白色霧氣（蘇格蘭作家後來稱之爲「神奇之霧」，並認爲那是女王的

聖靈），她的靈柩和遺孤都被帶到安全地點，免受國王弟弟侵犯。眾所周知，後者打算謀殺姪兒，奪取王位。

沉默旅行時，最讓我感興趣的，莫過於我自己國家和其他國家間共同的傳奇和習俗了。瑣碎的差異必然存在，卻從來都引不起我的興趣和關心。好比，中國古代許多著名歷史人物，在類似不可思議的情況下脫逃，以及許多類似皇室家族內鬥的悲慘故事。儘管孔子對各項言行舉止提出了嚴格規範，每逢改朝換代，這類事件總還是層出不窮。我們有個非常類似蘇格蘭瑪格莉特女王的傳說。1360年，朱元璋未成為皇帝前，在九江遭強敵擊敗，退到我最愛的廬山頂上，躲在一片濃厚白霧中，躲避追捕。山頂上自此便樹立了一個紀念碑。自小起，長輩和奶媽就說這故事給我聽，還解釋，朱元璋註定要當皇帝，天帝才會降下白霧保護他。聖瑪格莉特女王的故事驚人地與之相似。

這時，我留意到一群人在禮拜堂外圍著聽一名嚮導說話。有個男人走近人群，但讓嚮導支開了，因為只有那群特定的人才能聽他說話。這讓我很意外，我想我最好也走開點。

另外一群人排著隊，等著參觀蘇格蘭一次大戰國家紀念碑，我也加入了隊伍。藝術家雖然成功設計了一塊漂亮的紀念碑，這寬廣大廳嶄新的模樣卻讓我覺得怪怪的。我試著想像1440年十一月二十四日古

代皇宮大廳殘忍的「黑色晚宴」。那天，道格拉斯伯爵、他唯一的兄弟和他們年長的顧問麥肯・佛拉明爵士一起應邀至愛丁堡古堡參加晚宴。他們的隨從全給擋在門外。年輕國王詹姆士二世和他的朝臣都出席了晚宴，一個在古代蘇格蘭象徵死亡的黑牛頭給擺上了桌子。年輕而血氣方剛的道格拉斯兄弟立刻跳起來，拔出劍保護自己，但很快就被躲在宴會廳裡的武裝軍人制服了。象徵性的審判之後，三個人都以叛國罪在古堡山丘上給處決了。我對審判詳情一無所知，可是只要想到，同樣事情在中國古代也發生過很多次，就讓我震撼不已。即使在我們自己的時代，這事也發生過不知多少次了？在希特勒的貝希特思加登（Berchtesgaden）裡，他為捷克的哈查（Hacha）、法國的賴伐爾（Laval）和許多其他人舉辦了多少次宴會？

我們都是透過劇院裡的歷史劇，才知道了許多中國歷史上的「黑色晚宴」。我永遠忘不了十三歲那年，隨著父親觀看精彩的「鴻門宴」演出，其中飾演項羽的演員最讓人難忘。那宴會發生在西元前207年秦朝滅亡後，當時西楚霸王項羽和漢王劉邦都決心要成為中國的皇帝。一天，項羽邀劉邦至鴻門赴宴，整個計謀早已詳細策劃好。劉邦只有一名侍衛樊噲獲准進入大廳，他緊緊待在主子身邊。宴席中，策劃整個事件的范增朝項羽發出殺劉邦的暗號。項羽尊敬劉邦，也不想背負

不忠不義的罪名，他猶豫著，他的侍衛於是自己跳出來執行任務。劉邦後來設法逃掉，最後並在戰場上擊敗項羽，成為漢朝第一個皇帝。在中國歷史上，項羽聲名狼籍，可在這事上，他表現得像個英雄。

接著我參觀了城堡的另一部分，那兒據說是瑪莉女王的寢宮和加冕處。也許因為正處戰時，我見不到綠色繡花絲絨毯子、附帶著名王子武器的金色衣衫、古典及聖經或中古時期人物的故事畫、鍍金的皮椅或緞椅。而那鑲著紅藍寶石、鑽石、大珍珠，不知何時製成的蘇格蘭皇冠也給移走了。那些房間空空蕩蕩，只有兩張愛丁堡和古堡的舊地圖掛在牆上，另外就是兩個裝著黏土笛子和零碎錢幣的玻璃瓶。失望的女遊客沒看到有趣古物，互相竊竊私語。我沒待多久就離開了。

我走出門外時，一位同胞正準備進去，他身邊是一位穿著蘇格蘭格子裙，壯實而高貴的男士，以及另外兩位朋友。在中國於1942年正式成為英國盟邦前，我很少主動找像我一樣有著扁平臉孔的人說話，可如今，我們互相問好，報上姓名和幾個簡單的字，再各走各的路。他是王先生，工程師，由曼徹斯特來愛丁堡玩一天。他是我來愛丁堡後碰到的唯一一位中國人，而他那壯實的朋友，則是我在那兒見到的第一位穿著格子裙的蘇格蘭人。

我慢慢逛出去，靠在臺地旁的矮牆上。很多人在「殺人巨鐵」蒙思

● 一次大戰國家紀念碑

買大砲（*Mons Meg*）旁俳佪。許多遊客在其他七個大砲上刻字——另一項我們兩國國民的共同愛好！我對大砲沒什麼興趣，不過，即使四周遊客不斷竊竊私語，我還是陷入沉思，專心想著，詹姆士三世的弟弟亞伯尼（*Albany*）伯爵到底是由哪處地方攀繩子逃下懸崖的？他買了兩瓶法國葡萄酒，送給值勤的警衛隊長和其他三名軍人。幾個人喝醉後，全都讓他給收拾了。他先讓侍衛官沿繩子攀下去，結果繩子不夠長，侍衛官摔斷了大腿。伯爵加長了繩子長度，攀下去到了地面，肩上扛著侍衛官，走了險峻的二哩路，安全到達雷色（*Leith*）。他的勇氣和對侍衛官不棄不離的態度值得高度讚揚，可他的脫逃到底是真是假，我就無從置評了。

　　故事裡最讓我感興趣的是那兩瓶法國葡萄酒！從事陰謀詭計時，似乎都少不了酒精。中國歷史上也找得到無數利用酒精成就陰謀的例子。我不清楚，最早為了自身利益，拿酒精麻痺別人的是誰？不過，明顯的是，無論東方或西方，人們都讓酒精在這方面發揮了最大功效。中國在五千年以前就懂得釀酒了。大禹第一次嘗過酒之後發現，那東西很好，但他立刻預測到，那東西會製造麻煩。他於是下令，不准釀酒。那禁令毫無效果，自那時起，酒就促成了無數的壞事。可是很少人拒絕得了酒的誘惑，畢竟，它儘管潛藏著破壞力，同時也擁有

● 攀繩子逃下懸崖

無窮的魔力！我相信，亞伯尼伯爵絕不是第一位懂得善用此物的西方人。我不知道，二次大戰期間，由納粹手中脫逃的人是否曾藉助酒精以達成目的？以季霍（Giraud；註1）將軍為例，也許太過了解自己國家的酒，知道其所具備的各種可能性，他絕不會說出自己脫逃的詳情。

等最後由沉思中清醒過來時，我見到天空上高高懸著的半個月亮，可時間還不到五點。剛到英國時，我總讓大白天裡的月亮嚇一跳。我記得李白訪蘇臺時做了一首詩：

舊苑荒臺揚柳新，菱歌春唱不勝春。
只今惟有西江月，曾照吳王宮裡人。

最後一句詩提到西元前三世紀中國歷史上的絕世美女，也是吳王宮裡的禁臠，西施。

我走出古堡時，已經有一群人聚在古堡廣場上，似乎正打算欣賞蘇格蘭古城的夕陽美景。愛丁堡確實可以此刻美景為傲。

忽然，我想起來，這天早上我才讀過資料，關於古老的皇家哩大道沿途狹窄巷弄。我決定到那兒看看。幾天前，一位上了年紀、非常親

舊苑荒臺楊柳新
菱歌春唱不勝春
只今惟有西江月
曾照吳王宮裡人

李白蘇臺覽古詩

切的愛丁堡人帶著我看了瑞德院和史德爾女士巷，可當時我完全不知道，還有其他那麼多的小巷。一本書說，直至今天，仍有將近一百條巷弄留存了下來，而且每一條都有個故事。如今仔細一瞧，我發現，每隔兩三道門就有條巷弄。多數都只剩個入口，有些仍有道鐵門，不讓遊客進去。我不想回憶它們的歷史，不只因為小巷太多，還因為每條小巷都有些我無法理解的典故，因此，小巷門上的名字，對我而言，就沒有太大意義了。不過，在看到布羅笛小巷（*Brodie's Close*）這名字時，我卻停了下來。這小巷的歷史多少在我腦海裡烙了些印象。小巷主威廉‧布羅笛不只過著企業家的生活，擔任「製造業主席」，同時也是搶劫謀殺樣樣來的大壞蛋。如果不是讀過一本書以「化身博士」（*Jekyll and Hyde*）形容布羅笛，同時剛看過由史賓瑟‧崔西（*Spencer Tracy*）主演，這故事改編的美國電影，因而知道了這號人物，我可能也不會留意到布羅笛。他一直是我最喜歡的演員，可在看了他扮演的海德（*Hyde*）後，我就一直忘不掉那恐怖面容，最後甚至不願再看史賓瑟‧崔西的電影了，情緒上的衝擊實在太大！由於研製出的合成藥物產生了無法控制的力量，傑奇（*Jekyll*）變形成為海德，布羅笛是怎麼過那雙面人的生活的？

　　下面是一個在中國留傳了幾百年的有趣故事。有個人異想天開，在

家貓脖子上掛了串佛珠。老鼠發現這事後，高興萬分，牠們相信，牠們的宿敵驕傲地掛了佛珠後，一定整天忙著念經，沒時間吃牠們了。得意忘形的老鼠溜進大廳，但是貓咪毫不猶豫地撲上來，一把就攫住了幾隻老鼠。其他老鼠竄回洞裡，驚恐萬狀地叫道，那貓看來虔誠，原來是假的，內心根本毫無慈悲之意！我想，有些時候，我們很多人也過著雙面人的生活。我們的行為與布羅笛或那隻貓相較，差別只在於事件的本質與其結果。如果沒有犯下人身與財產罪，布羅笛不會那麼出名。我氣惱地發現，較之其他皇家哩大道上的歷史人物，布羅笛留給我的印象最深刻。人們記得惡名昭彰的布羅笛，卻忘了其他好人，不是很奇怪嗎？人們牢記著希特勒，卻記不得與之對抗過的許許多多人，這點誰能否認呢？

看到拜爾巷（*Byers' Close*），讓我想到讀過的一則笑話。1757年時，愛丁堡有個習俗，每逢八點四十五聖吉爾的鐘聲響起，法官和律師都會在家裡戴上假髮，穿上袍子，拎著捲邊帽，莊嚴地走向國會。當時這些名流中有許多人住在小巷裡，並會在等待鐘聲的同時，探出窗子，呼吸呼吸早晨的空氣，甚至跟巷子對面的熟人討論當天的新聞。據說，一天早上，兩名在拜爾巷一棟建築上層玩耍的小女孩，很殘忍地拿根粗繩吊住一隻小貓，懸在窗子外面盪鞦韆。科思通法官（*Lord*

Coalstoun）正住在樓層下方，當小貓到達他窗子高度時，他剛好探出頭，嗅嗅清晨空氣。小女孩嚇了一跳，趕緊把繩子往上拉，可那可憐的小動物在毫無尊嚴往上昇的同時，竟以憤怒的小爪子攫住法官的假髮，那假髮於是變魔術似地不見了！站在拜爾巷裡，我可以清楚想像那景象，雖然我完全無法理解，怎麼可能在這又黑又窄的巷裡享受清晨的空氣？我對科思通法官的假髮特別感興趣，因為大約三十五年前，我還是學生時，第一次見到一張英國貴族戴假髮的照片。當時我覺得英國人濃密的頭髮和奇特的髮型非常不可思議，在我看來，他們和非洲土著的頭髮一樣怪，或許那感覺就如同英國人看著從前中國人的長辮子一樣。沒有人告訴過我，那假髮其實是人造的。我的朋友王克勤博士最近剛剛通過英國律師考試，並照了張戴著假髮的照片。他拿照片給我看時，我忍不住笑起來，他的樣子全變了，根本認不出來。說來有趣，司法的象徵竟是一頭假髮！

　　我不停穿過馬路，免得錯過任何一條小巷上的名字，不過，還好皇家哩大道路上的交通並不繁忙，過了五點，那兒就空蕩蕩的了。那時候，也許最能夠體會小巷中的氣氛。我在路的兩邊穿梭來去。街上斜坡相當陡峭，我時不時地會碰見一個愛丁堡人，佝僂著身體，好似已在這多坡的街上走了無數年。我相信，

● 拜爾巷的意外事件

● 薄暮中的律師巷

現代交通工具很快就會讓這景象在愛丁堡消失得無影無蹤。

　　路的另一邊，忽然傳出奇怪聲響，我轉頭看個究竟。一名上了年紀的嚮導正向一大群美國軍人述說每條巷弄的歷史。他的聲音自繫著繩子、懸在脖子上的麥克風傳出來。說完話，他會讓麥克風垂在胸前。他說得很快，在聽眾聽懂他說什麼之前，繼續往前走著。不時地，人群裡兩三個人會停止說話，向前超越其他人，引得大家一起大笑，並互相嘰嘰喳喳講個不停，看來非常有趣。我想，那是我至今在英國見過唯一帶著麥克風的嚮導了！

　　幾分鐘後，巷弄中的一個階梯口外，一名嚎啕大哭、大約四歲的孩子吸引住我，而老舊建築陡峭圓柱上的小窗裡，一名老婦人則大聲叫著些莫名其妙的話。我猜想，那孩子想爬上階梯回家，可附近沒人（一位剛剛由那兒經過的女士瞧也不瞧她一眼），我決定帶她上去。意外的是，她哭得更大聲了，還不讓我拉她的手。我想到，在中國時，我常常遇上見到外國臉孔就大哭的嬰孩，或是對著英美傳教士所伸出友善的手往後縮的小孩，想到這，我覺得寬心了些。面對不熟悉的臉孔，小孩總是害羞的。我轉身離開那孩子，爬了幾階樓梯。四處半明半暗，每個階梯轉角小窗上的燈光幾乎都難以辨認。窗與窗之間最為幽暗，我可以想像，從前那準備私了個人恩怨的人，在這黑暗中

● 佝僂著身子的愛丁堡人

心醉神迷

０７５

占了個有利位置，等待仇敵出現。

　　沒能幫上那孩子，我心裡多少有點惴惴不安。過了一會，我開始想，她不知道怎樣了？儘管那麼傷心，較之今日中國成千上萬的孩子，她的境況絕對好太多了。不明所以的人，或許會以為中國是個擁有了不起古文明、哲學、文學和各種藝術的國家。這並沒錯，只不過，有誰能否認中國同時也是個骯髒、貧窮的國家呢？我接觸過許多中國孩子，從未見過房子裡有完整房間，日復一日，每天吃的僅是一小碗米飯。我擔任縣長時，雖然設法改進了一些缺失，卻無法克服排山倒海而來的難題。來到英國後，我一直很欣賞也很羨慕較中國小孩無憂且快樂的英國小孩。我不否認，我國也有許多快樂小孩，但他們的人數卻極其有限。絕大多數中國父母都極端貧窮，我永遠也忘不了他們孩子病厭厭的臉龐。這話說來感傷，可我得說，在我的國家，很少有富人或中產階級會想到這些沒房子住、沒東西吃的小孩。我不知道，英國人是否較有同情心？貧窮孩子的境遇與富裕人家差距如此之大，我們怎麼可能期望見到相近的行為舉止？

　　我曾代表中國參加1940年的國際兒童大會，與會前，我花了很多時間思考這問題。我打算簡單說些話，發表些個人觀感，談談各國如何在未來讓他們的兒童長期享有和平，即使我不可能有時間描述中國孩

● 嚮導與一群穿著制服的美國大兵

子所遭遇的悲慘境況。只不過，開會時，其他代表精彩的長篇大論卻讓我覺得自己的話太乏味，沒什麼值得說的。畢竟，英美兒童相對而言高水準的生活，已被視為理所當然，這時再討論數百萬中國兒童悲慘的境遇，只怕會把聽眾給煩死。我也受邀參加了制定「兒童大憲章」（*Childern's Charter*）的委員會。雖然我通常都會準備好一些要說的話，但由於絕大多數代表來自英國和美國，我總覺得（也許我錯了）他們不太可能願意浪費寶貴時間，關心生活水準低得多，諸如中國、印度、緬甸等國家不幸兒童的生活。兒童大憲章每條條款都非常好，都得到我百分之百的讚賞和支持，可我傷心地想到，在未來很長的一段時間裡，這些條款都不可能嘉惠中國兒童。我終究還是個務實的人，既然大會對中國無益，我也就不再去了。組織大會的人一定覺得我很怪，我可以想像他對著自己說道：「真搞不懂中國人！」到底有多少人能夠想到較他們不幸的人呢？

　　我的思緒已經飄離那愛丁堡孩子很遠，她的哭聲如今再也聽不到了。經過大街221號舊郵局小巷時，我不禁想起蘇珊娜（*Susanna*）女爵的故事；她是阿奇伯・甘迺迪（*Archibald Kennedy*）爵士的女兒，英林頓（*Eglint-ion*）九世伯爵，亞力山大的第三任妻子。她也是紐

● 一個巷弄入口外的孩子

心醉神迷

0
7
7

瓦克勳爵大衛‧拉思力（*David Leslie*）的繼承人之一，勳爵曾任聯邦將軍，並在登巴（*Dunbar*）遭克倫威爾（*Cromwell*）擊敗。由於具有蠱惑人心的美麗，面容又聰明純淨，她有許許多多的崇拜者，可是她的命運早已有了安排。喬治‧羅伯森（*George Robertson*）寫了下面這則故事：

有一天，她在父親位於卡吉安（*Culzean*）的花園散步時，肩膀上停了隻老鷹，鈴鐺上有著英林頓伯爵的名字。一般認爲，那百分之百預測了她的命運。這時，英林頓伯爵的第二任妻子正重病，瀕臨死亡。因此，當約翰‧克列克（*John Clerk*）爵士要求阿奇伯‧甘迺迪爵士將女兒嫁給他時，後者自然咨詢了英林頓伯爵，希望他以老朋友和鄰居的身份，對這事提供看法。他得到的回答非常簡短直接：「稍微等等，阿奇爵士，我太太病得很嚴重。」高貴的派尼丘（*Penicuik*）準男爵的求婚就此遭到婉拒。兩、三星期後，英林頓夫人去世，過了幾個月，美麗的蘇珊娜‧甘迺迪成爲亞力山大伯爵的第三任夫人（她較伯爵年輕四十歲）。

這位上了年紀的貴族急著想要個繼承人，畢竟他前任妻子都只爲他生了女兒。因此，當蘇珊娜不僅沒生出兒子，還連續生了七個女兒時，他的失望也就不難想像了！沒有繼承人傷透了他的心，他於是

威脅要和妻子離婚。伯爵夫人回答，無需如此，只要他歸還自她那兒得到的一切，她就同意分居。伯爵以為她指的是金錢，於是向她保證，她可以拿回自己的每一分財產。「不，不，夫君，那不成。只要還我青春美貌，你隨時都能差我走。」伯爵被這意想不到的俏皮話逗樂了，從此不再提這話題。讓他大喜過望的是，不到一年，他妻子為他生了個兒子。由於兒子的到來，這對父母不僅舊情重燃，感情還較以往彌堅。

她在郵局小巷接見當時所有的文人雅士，其中包括了亞倫‧蘭賽，他並將詩作〈溫柔的牧羊人〉獻給她。約翰生博士（Dr. Johnson）和包斯威爾（Boswell）也去看了她，約翰生博士非常滿意所受的禮遇。女伯爵死於1780年，享年九十一，至死仍保有高貴風韻和美麗容顏。「後者絕對是個祕密」，有文字這麼寫道，但是，為了嘉惠讀者，我可以好心透露，關鍵在於性。她從不塗脂抹粉，但定期用酸奶洗臉。

在這短短的故事裡，有許多有趣的地方。身為中國人，我對故事裡預測了她命運的那部分特別感興趣。那麼巧又那麼特別的命運！我們自己的歷史上，也有許多牽扯上名人婚姻的類似故事。我所讀過有關中國的書，大多由傳教士寫成，有趣的是，其中之一的作者是蘇格

蘭人，通常舉了很多這類的例子表示，中國人迷信又宿命。我們看別人通常比看自己要清楚些，真是一點兒也沒錯！不過，我對缺乏子嗣而必須離婚這點，也覺得很有趣。為了延續家族姓氏，男孩的確很重要。舊時的蘇格蘭人和中國人差別不大。可是很多西方人卻譴責中國人，誤解中國人不愛自己的女兒。我們的古法中雖沒有離婚這回事，妻子過了一陣子還生不出兒子，就會被送回娘家。隨著人際關係日益複雜，也不是每個生不出兒子的妻子都會被送回去。一些聰明的中國人，特別是儒家，就以需要子嗣為由，在原任妻子還在世時，想出了娶第二任，甚至第三、第四任妻子的辦法。很少女孩，特別是深受父母期望的女孩，願意成為第二任妻子，與第一任妻子同住一間房子。因此便出現了自成一個階層的小妾，只要可能，一般女孩都不願成為這種階層的人。有趣的是，婚姻中如果沒有子嗣，做丈夫的都不會怪自己，只會怪妻子。噢，我的國家有多少妻子在過去因遭誤解而傷心死亡啊！我希望，她們都能像蘇珊娜女伯爵，要求她們的丈夫將青春、美麗還給她們！

我沒有進入約翰・納克斯的房子，沒看到那些鑲著嵌板的房間、華美的雕刻和宗教性箴言。不過，我卻透過那些類似中國廟宇和其他建築的格子窗往裡瞄，那些突出的山形牆和露在外面的樓梯也讓我覺

得非常有趣。我讀過一本關於蘇格蘭的書，有一段文字語氣熱烈地表示，「這莊嚴的住處與這位蘇格蘭改革家的生活和工作沒什麼關聯。我們發現，大多數時候，他在愛丁堡都住在聖吉爾教會的教區附近。前公會主席羅伯‧米勒先生和其他細心的小鎮歷史研究者指出，那幾年，『約翰‧納克斯之屋』完全為一位名喚詹姆士‧莫斯曼（*James Mossman*）的金匠所有，他本人同時也住在裡面。那人還是狂熱天主教徒和『女王的人馬』，後來因為牽連上瑪莉‧史都華事件（註2），和葛來格的柯克迪（*Kirkaldy of Grange*）一起上了絞刑台。」我的心情未受影響，還是充滿興味地閱讀這段文字，就像在閱讀莎士比亞劇作是否為培根化名作品的爭議。中國學者有關中國歷史人物的議論往往更令人費解，畢竟，許多我們的名人都生活在幾千年以前！

　　我讀愈多蘇格蘭宗教改革運動中的英雄事跡，對約翰‧納克斯的興趣就愈濃厚。即使在女王面前，他也絕對自信，毫無懼色。在中國悠久的歷史中，特別是在早期的時候，也出現過自信、無懼的人物，謹守儒家思想的教誨，冒死違抗皇帝的命令。如果皇帝殘酷，他們絕對難逃一死，畢竟當時沒有公平的司法審判。約翰‧納克斯若是生在那時的中國，他肯定無法像在蘇格蘭般出大名。他很幸運，既有支持他

● 瑞德巷

宗教理念的廣大群眾，女王也不像我們古代皇帝具有絕對權力。如果中國有一名國教領袖，權力來自擁戴他的群眾，皇帝也許就不會那麼殘酷，中國也許就得以發展出民主化的政府和社會生活。諸如孔子、老子等許多我們古代的思想家，三千年前就提出了民主理念，但卻一直無法消除暴君統治！

對一個國家而言，國教可以是很重要的精神力量，因為國教足以統合群眾。我認為，如果孔子自立為宗教領袖，中國邪惡的勢力恐怕會很怕他。不過，孔子本質上是個務實而講理的人，他的目標是以理性，而非武力，說服大眾。中國如今深受儒家思想影響，即使我們願意，恐怕也許無法出現國教。這問題複雜又深奧，可我真心期望，我們之間能出現一位強壯無畏如約翰・納克斯的領袖，勇於對抗邪惡，成為無知大眾學習的榜樣。

擺脫這些思緒後，我見到四周圍了一群小孩，想知道我在那兒做什麼，還朝著我叫「中國佬」。我轉身面向他們。他們笑起來，我也笑了。我感覺，整體而言，愛丁堡兒童較倫敦小孩友善，也容易相處些，倫敦小孩喜歡幫外國人取些奇奇怪怪的名字。近來，許多人在討論以英語為國際語言。如果德國鬼（Jerry）、法國佬（Froggy）、小日本（Jap）、秦客（Chink）等字眼都能因此消失，那倒不失為好主意。

我不知道其他國家是否也有類似俚語，在中國，我們只有一種俚語描述中國籍之外的人。我對英語的有限知識，使我對那語言中優雅又明確的每日對話崇敬不已。相對於許多粗魯且刺耳的中國方言，英語悅耳、有禮，也較不傷人。我相信，使用那些字眼的人，並不自以為高人一等，可那些字眼的存在，卻使這美麗語言在國際化的過程裡出現了一大缺失！可我是誰？我有什麼資格討論這事呢？

我走向坎農門（*Canongate*）時，一群小孩正在人行道斜坡上開心地跑來跑去、滑上滑下、大聲叫笑。我可以想像，多年來，這兒早成了愛丁堡兒童重要的娛樂場所。我細看了摩洛哥樓（*Morocco Land*）的巨大人像，瞧了一眼聖經樓（*Bible Land*），還特別留心坎農門市政廳（*Canongate Tolbooth*）裡圓錐形的屋頂和突出來的時鐘。我在白馬巷和坎農門區教堂留連了一會，設法回想一些跟它們有關的歷史事件，可腦子卻一片渾沌。雖然坎農門只是皇家哩大道的一小角，卻曾經住過至少兩個公爵、十三個伯爵、兩個伯爵夫人、七個屬地男爵、十三個從男爵、四個總司令、七個法官和許許多多其他著名人士。由英國人對《泰晤士報》上皇室新聞的濃厚興趣判斷，這些史料對附近居民一定非常重要！只要想到英國人對骨董和傳統事物的喜好，我就覺得不可思議，這塊歷史區域如今居然沒什麼居民。也許，終究，人還是比

● 坎農門

較注重享受，正因如此，這城市裡絕大多數的人口都集中到愛丁堡新城區裡了。我很好奇，如果皇家哩大道位於紐約或華盛頓特區，性喜革新的美國人不知會怎麼看這地方！

我又隨意看了突出的時鐘一眼，我不認為那鐘還能走，可它細長的指針卻指向六點。我已經走了好一陣子了，不只精神渙散，雙腿也累得微微抖了起來。我毫不猶豫走進當地一家小酒吧。我並不真想喝一杯，只不過，買一杯酒，就相當於買一個得以坐下休息的位子。裡面只有三名顧客：一名上了年紀的男人和兩名上了年紀的女人，他們都更突顯了酒館的地方色彩。那男人嘴裡含著菸斗，手上拿了杯啤酒，兩個女人肩上都圍了黑色羊毛織的披肩，可當時還只是八月。我還沒進去時，他們三個和老酒保還說說笑笑的，等我一進去了，他們立刻全部安靜下來，轉過身面對著我。我拿我的飲料，坐到窗子附近一個座位上後，他們才又重新開始說說笑笑。雖然說，我拉長了耳朵想聽聽他們說些什麼，但他們的方言實在難懂，我只好專注於他們的姿勢和表情。那酒吧非常乾淨舒適，飲料供應似乎也源源不斷。我還沒喝完我孤零零杯裡的啤酒，頭也才剛開始打轉，幾名笑嘻嘻樂乎乎的顧客就走了進來。只要想到，不管這些人住的房子多差，穿的衣服多舊，他們卻總常保皇家哩大道沿路上大約二十家酒館生意興隆，就

● 白馬巷

不免讓人肅然起敬！有一回，一位住在蘇格蘭鄉下的紳士和一位非常老的女士聊天。他問女士，有沒有看過醫生？女士回答說沒有。「妳生病的時候怎麼辦呢？」他問。「我們喝點威士忌。」女士答道。「可如果不管用呢？」「我們再多喝點。」「是的，可如果還是不見效，怎麼辦呢？」「信心。」（女士開始不耐煩了）「如果威士忌不見效，看醫生或其他什麼的也不會有用的！」難怪蘇格蘭威士忌名聞遐邇！有趣的是，愛丁堡大學以醫學研究聞名全球，也訓練了許多醫生。也許，他們在另一個沒有威士忌的地方訓練他們的醫生。

等我站起來走回家時，我已經徹底醉了，不只心理，還有身體！

註：

1. 李霍（Henri Honore Giraud，1879–1949）。法國陸軍軍官。二戰期間指揮法國北方的軍隊，1940年遭德國人俘擄，1942年逃脫後在北非任法軍總司令。

2. 瑪莉·史都華（Mary Stewart，1542–1587）。蘇格蘭女王瑪莉一世，早年嫁到法國皇室，信仰天主教，回蘇格蘭後不見容於當時的新教潮流，後被囚禁並處死。

戒慎恐懼　A Constant Precaution

「希望你有愉快的一天。」

「是的，希望妳今天也好。」我向住處的女房東說。她邊擺放早餐餐具，邊露出微笑。

我很快吃完東西。這天我沒有特別計畫，不過，愛丁堡還是如常將我引到了門外。電車過了托爾十字路（*Tollcross*）之後開始擁擠，車掌收錢、找錢忙得團團轉。一名九或十歲，坐我前面兩排的女孩忽然說道，車掌找了太多零錢給她。事情似乎是，小女孩拿出一先令打算買兩便士的車票，車掌卻找她三個六便士和四個一便士的硬幣。一切搞清楚後，小女孩繼續吃起了她的蘋果，就像什麼都沒發生一樣。一些乘客臉上露出讚賞的微笑。這類錯誤一定常常發生，沒什麼好大驚小怪的。只不過，適逢戰時，又讀了報上青少年犯罪率增加的報導，能夠看到這麼自然不做作的誠實小孩，還是讓我覺得非常欣慰。幾乎每天，我都會聽到抱怨，說戰爭讓人變得日益虛偽不實了，抱怨的對象若非青少年，就是大人。我在自己國家做過四年半縣長，這種事情多

少經歷過一些，也很能想像那種困境。其實不管在世界什麼地方，當社會環境因戰爭而變得反常時，不誠實的人難免就會變多。我一向欽佩英國社會的良好規範，但是，在壓力下，這個社會的道德標準也開始鬆弛。至於硝煙四起的中國和歐陸，問題一定更嚴重，在那兒，什麼事都可能發生！想過了這一層，愛丁堡電車上小女孩的誠實，就更讓我感動了。

儒家思想分成兩派：性善派和性惡派。對前者而言，制度與規範是為了防止人的墮落而存在。後者卻認為，必須想出方法使人脫離腐化深淵。社會條件一旦惡化，不誠實、不誠懇的事件就層出不窮，似乎證實了第二派儒家學者的觀點。可電車上的小女孩卻改變了我的想法，轉而支持第一個學派。如果不是本性善良，她自然可以留著多餘零錢，那錢的價值她不可能不知道。她也許沒法定義誠實這兩個字，可她的本能告訴她，不能留著多餘的錢，很顯然，她根本沒有想將多餘的錢挪做他用。她的心思單純，心中毫無罣礙。孩提時候，我們都曾光明磊落，可隨著慾念增加，善惡知識累積，心靈愈來愈污濁，我們迷失了。在人類悠久的文明裡，無數道德家、倫理學者、聰明的統治者都在設法訂立規範，確保良善行為。

一切的嚴刑峻法，都是為了防患未然。最

● 愛丁堡街景

根本的，還是爲了防止我們孩提時的單純心思、無瑕念頭受到污染。如今許多人在討論，未來應達到一種境界：免於匱乏、免於骯髒、免於懶散、免於無知、免於疾病，不受制於各種外物。我覺得，精神層面也不能忽略。只要我們常保單純心思和無瑕念頭，世界和平一定能夠長久維持。一定得想個辦法，讓人不再慾求不滿，能夠免於無止境的慾望。降低慾望也許有實質困難，但至少我們不該繼續煽起新的慾望。這題目太大，我也扯得太遠了。

　　下了電車後，我走在王子街北端的人群裡。街上大型櫥窗看來跟倫敦差別不大，大多數顧客和行人都是英國人，除了一些波蘭人或美國軍人。感覺上，王子街這一帶不像愛丁堡。這兒不像我不久前去過的亞伯丁（Aberdeen）聯合街，有各種蘇格蘭色彩，雖然那兒櫥窗的感覺和倫敦也非常類似。這是由於當地居民的裝飾風格。除了王子街中間這一段，愛丁堡每條街每條路都散發強烈的愛丁堡風格。然而，王子街上有兩處地方深具蘇格蘭風味。其中是一家商店的大招牌，列著一長串蘇格蘭家族姓氏，並寫著「如果你的名字在上面，這兒就有你家族的花格布。」另外就是一個老人在漢諾瓦街（Hanover Street）尾端大叫，「幸運的白色石楠花。幸運的帚石楠。」

　　我在王子街上逛了幾家書店，並在一家名爲「西區書店」的店裡買

● 幸運的帚石楠

● 霧霾中的王子街

了些書。那店名讓我想起幾天前發生的一件事。當時，坐在由葛來頓（Granton）開出的電車上，我聽到乘客說要買車票前往「西區」（West End）。等到電車停在卡勒多尼亞旅館附近，我才知道，愛丁堡還有個叫「西區」的地方。我立刻結論道，維佛利車站（Waverley Station）附近一帶一定叫做「東區」。於是我跳上一輛電車，要求買到「東區」的車票。可車掌聽不懂我說什麼，最後我接受她的建議，坐到郵局總站。我覺得很有趣，愛丁堡竟沒有「東區」。為什麼沒有「東區」呢？為什麼「西區」較「東區」受歡迎呢？這些自然是不用回答的反詰句。在英國待了這麼多年，我自然留意到，由梅非爾（Mayfair）和新龐德街（New Bond Street）轉了一圈回來的人，與剛剛由盤尼菲爾德（Pennyfield）和潘迪可巷（Petticoat Lane）遊歷回來的人，面容明顯不同。大多數倫敦朋友都會興高采烈地告訴我各種有關西區好玩的事兒，可在談到東區時，他們都一副不正經、開玩笑的態度，很少人當一回事。倫敦的西區與東區只要存在一天，它們的社會與地理涵意，就會是在英國民主制度的一個污點。愛丁堡沒有東區，也就沒有這種令人不快的比較了。

如今我已跨過馬路，正在欣賞蘇格蘭國家美術館（National Gallery of Scotland）的希臘展。那裡頭展示了許多有趣東西，想想看，三千年文

明，全都擺在一個大房間裡！那展覽自然吸引了許多人。我對另一個房間裡兩幅葛廷（Girtin）和一幅寇特曼（Cotman）的水彩畫也很有興趣。我一直試著就英國水彩和水彩畫家做個比較研究，因此深深喜歡上了兩人的作品。雖然我不記得標題了，這三幅畫卻特別讓我感動。我正欣賞葛廷的英國風景畫時，一名上了年紀的女士，笑咪咪地把頭湊到畫前。我心想，她肯定也是藝術家，才會看得這麼仔細。不過，須臾之後，她好奇的原因就揭曉了。她拉著相近年齡的朋友到畫前，要對方念出畫的標題。「他們說這畫的是希臘，」她宣布，「可是你瞧，明明是英國。」她神色堅定地說道，像是逮到了美術館館長可笑的錯誤，蹣跚地離開了。

為了避開人龍，我在巴莫若餐廳提前吃了午餐，然後前往卡爾騰丘。我在戶口登記所前停下來，並依慣例，觀看隨處亂逛、說說笑笑的當地人。我並沒有從卡爾騰丘入口沿著以前走過的路線上到古大砲所在，我繞著普來非紀念碑（Playfair Monument）下方的外圍環狀路走上去。太陽光不強，但照得視線內每樣東西閃閃發亮。當時正是午餐時間，四周見不到人。沿路往上走時，我帶著輕鬆愉快的心情四處張望。有時我會在草地上發現一些小小的野花，看來像是侏儒薊和藍鈴花。一隻小小黃白相間的蝴蝶四處振翅，或許蝶翅上承載了太

多粉末，似乎飛不快，也或許，牠如我只想徘徊在這不經意發現的地方。一陣微風時不時地將蝴蝶托起。若非青草、樹葉、花朵昏沉地擺動著，我不可能注意到微風正輕輕吹拂。接著，一陣較強的風吹醒了我，讓我加快了腳步。

如今我發現自己面向東北方立著。看著一望無盡的福思灣，我深吸了口氣，感覺眼皮上有一股無法形容的壓力，眼睛最多只能半張著。夏日霧氣和蘇格蘭柔和的陽光結合後，造成了這種結果。在我下方，大多數暗沉無趣的房子都給霧氣遮住了，外觀變得柔美。眼前景色不知止於何處，大海似乎沒有盡頭，海天連成一色，同時掩映在一層霧氣下。近處大海帶著較天空稍微深一點的藍綠色。雖然無法察覺，薄薄的雲層高掛天際，必然不停地在移動著。遠處一些修長的白色雲塊看來像海上的白馬，遠遠地，寂靜無聲。空中點點白色海鷗靜止不動。整個景色看來像在同一個平面上，沒有遠近深淺之分。

緊緊盯著眼前景色看了幾分鐘後，我發現了一個小島，猶如年輕女孩未加修飾的眉毛，柔軟又遙不可及。我先想到，回家後，一定要從書裡找出這小島，可又立刻斷了念，我不想破壞那神祕美感。我又開始覺得昏沉沉的了。張華撰寫的《博物志》中，幾個快被遺忘的神祕字眼浮現我腦海，書中記載著蓬萊、方丈、瀛洲三島。這三個島之所

以有「仙島」的雅號，乃因上面的居民全都長生不老。他們的房子由金、銀、玉蓋成，他們穿的衣服由絲和緞做成。那兒的人全都漂亮和善，沒有一個醜陋凶惡。那兒沒有饑荒，人們不虞匱乏。沒有生，沒有死，沒有任何世俗的煩惱和紛爭。自從一千多年前那書問世，那三座仙島就成了所有中國文人的烏托邦，而其中的蓬萊島，更出現在無數著名文學作品中，隨筆和詩作中出現的頻率自然最高。如果真有蓬萊仙島，誰不想上那兒去？不過，整體而言，中國人不是那麼喜歡大海。我們發源於中亞，本質上是內陸國家。我們的祖輩裡，許多人一生都沒看過大海！也許正因如此，我們最神奇的夢想都和大海、大海裡的小島有關。因此，一看到福思灣裡的小島，我就立刻自問，至少在這一刻，那會不會是蓬萊仙島？想到自己很少有在西方小島居住的經驗，我決定，還是別把一小塊尋常土地想像成神祕仙島。

　　《三齊略記》中的一段文字也浮現在我腦海。秦始皇曾想蓋一座跨海的石橋，通到一個小島上，好方便他過橋看看日昇之處。在那年代，蓋一座跨海大橋根本是痴人說夢，可這歷史上惡名昭彰的皇帝卻是中國人裡，極少數幾個具有能力實現偉大計畫的人。萬里長城就是這位皇帝的傑作。他若是晚生個兩千年，那石橋也許就蓋出來了！雖然我生在兩千年之後，雖然我也想順著橋走到眼前的小島上，我卻是

最不可能設計或執行大型工程的人。

我身邊出現足音，轉過頭，一名軍人正看著我。我們互道「午安」後，他在我旁邊站了一會兒，然後聊起了天氣。他還談起那引發我無數幻想的怡曲其島，並說，那小島通常沒這麼清楚。他接著指出其他著名景點。聽出了他的蘇格蘭口音，我得意地問道，是愛丁堡本地人，還是來自蘇格蘭其他地方？意外的是，他竟說他來自諾森伯蘭（Northumberland），只不過二十年前就離開那兒了。他家共十二個小孩，他本人十七歲參加了一次大戰，在法國待了三年半後，因為受傷，回到蘇格蘭後方工作，並一直做了下去。他現於約克大樓指揮部工作，名叫羅伊。他抬抬眉毛，用蘇格蘭口音回答我說，一個人必須陪在妻子兒女身邊，並要合群。我拍拍他的肩膀說，「說得真好！」他笑了。

那天報上登了些關於義大利的事情，可我不記得羅伊先生是怎麼開始那話題的，他說，墨索里尼不會壽終正寢。由於知道羅伊先生不是亞伯丁人，甚至不是蘇格蘭人，我大膽說了個剛在書上讀到的故事。一個亞伯丁人在皮卡得利（Piccadilly）看到一枚三便士，於是上前拾銅板，卻讓車子給撞了。法醫判定他「壽終正寢」。他又笑了，比前面還大聲，我們又繼續說了些關於亞伯丁人的笑話。我說我很欣賞亞

● 怡曲其島

伯丁人的幽默，感覺上類似我們中國人。我想起一則笑話。有個中國人非常愛錢，遠近皆知，有個富人於是提議，他如果願意讓人活活打死，就給他一千銀元。那貪財的人猶豫了一下，回答道，他可以讓那富人把他得半死，以換取五百銀元。

羅伊先生和我相處融洽。他說，他相信自己還有時間上到納爾遜紀念碑（Nelson Monument），我們於是毫不耽擱地開始往上爬。那路走來一點都不輕鬆，特別是接近山頂時，出現了幾百個陡峭的連續臺階。羅伊先生走在我前面，似乎根本不把那些臺階當一回事。他猶如古時水手，輕鬆地攀爬險峻繩梯，讓我想到，鋪設這些階梯，也許正是為了考驗來這兒向英國最偉大海軍英雄致敬的人。但知道羅伊先生在法國的經歷後，這些想法就被推翻了。不過，他卻表現得像個真正的英國人，一路不停說說笑笑。我發現，面臨困境時，只有英國人流露出他們深厚的幽默感。1940年，倫敦遭受全面攻擊，讓我意外的是，許多人說起笑話比平時還輕鬆自在。至於我，則不斷默念著下面這首王之渙的詩激勵自己：

白日依山盡，黃河入海流。
欲窮千里目，更上一層樓。

右王之渙句

層樓

千里目更上一

河入海流欲窮

白日依山盡黃

戒慎恐懼

我希望我也能用這詩來激勵羅伊先生。

等我們最後穿過矮牆上的一道小門時，已經有一對穿著海軍制服的戀人在那兒擁抱親吻了。羅伊先生要不是沒看到他們，就是刻意視而不見。那對戀人也絲毫不受我們影響。可我來自儒家國度，年輕男女公開手拉手都不被允許，這麼近待在他們旁邊，挺不好意思的，我雙眼只好緊盯著遠方。「談戀愛的地方，到哪都一樣！」我想道。我其實不該大驚小怪，來到西方之後，這種戀人我已經見多了，只不過，較之承平時期，戰時的戀人似乎更不受拘束，更不顧一切地渴望愛情滋潤！羅伊先生對我的心思一無所知，還精神抖擻地指出古堡、聖吉爾教堂的圓頂、蘇格蘭紀念碑以及大學建築的尖塔。他試著找出他工作的約克大樓，但那大樓卻讓夏日霧氣給遮住了。能在這麼好的天氣裡，站在這麼好的地方，我們都覺得很開心，也都不約而同深深吸了口氣。我想到小時候，有一回爬到揚子江邊安慶市迎江寺的寶塔頂上。安徽省會安慶在許多方面和愛丁堡感覺很像，只是格局小一點。站在塔頂上，我的感覺和站在納爾遜紀念碑上完全一樣，只不過一望無際的福思灣取代了遼闊、蜿蜒的揚子江。但由於高聳建築擋著，雷色河的水道並不完全清楚可見。

● 由北橋望見的納爾遜紀念碑

下面兩首唐朝詩人在寶塔頂端做的詩，很能反映我在納爾遜紀念碑上的感受。第一首是駱賓王的詩：

開襟俯城闕，揮手拍雲煙。

　　第二首是章八元的詩：

卻怪鳥飛平地上，自驚人語半天中。

　　我們並排靠著矮牆，輕鬆地四處望著。羅伊先生讓我看他右手臂靠近手腕處的傷疤，那是他一戰時中彈的地方。「戰爭沒有任何好處，」他說。「我的兩個兒子加入了這場戰役，我不知道他們打完仗後打算到哪兒落腳？」「中國怎樣？」我說。「你自己就在蘇格蘭落腳了！」我們互相苦笑了一下，想起各自的煩惱。我其實可以接著告訴羅伊先生，我家族親人們不斷面臨的死亡威脅，可是，該是羅伊先生回去上班的時候了，我們轉身，開始下山。

　　我們在入口處分手，我回國家紀念碑繼續逛逛，那建築模仿雅典帕德嫩神殿，但還未完工。如今我坐下，打開午餐後在王子街買的晚

開襟俯城闕揮
手拍雲煙
右駱賓王句

卻怪鳥飛平地
上自驚人語半
天中
右章八元句

戒慎恐懼

097

間快報。我看到了下面這則新聞：「卡爾頓丘和國家紀念碑的故事讓一名記者想到，大約六十年前，他有兩位還在大學念書的朋友，既深知愛丁堡，也常常上卡爾頓丘閒逛。一天，他們僱了名上了年紀的導遊，同時假裝自己對愛丁堡和國家紀念碑所知有限。那老人先說了一堆話，然後，為了讓他們留下深刻印象，他握著手，輪流指著每一根手指：『你們將牢牢記得——國家的光榮、國家的野心、國家的貧困、國家的恥辱，還有，國家紀念碑。』」

愛丁堡的結構似乎類似雅典，許多蘇格蘭人也很驕傲地稱此城市為「現代雅典」，並將建築蓋成希臘風格。我對古代雅典一無所知，而且必須承認，我沒資格批評蘇格蘭人的做法，可我還是忍不住要問，愛丁堡明明有自己的特色，為什麼要模仿雅典呢？為什麼有著強烈愛國心的蘇格蘭人要模仿其他地方呢？答案一定和愛丁堡會出現「西區」這地名一樣。

我聽說，愛丁堡人非常謹慎。商店店員總是說「我會盡力去做這做那」。可是這座國家紀念碑卻有違此聲譽。那些負責豎立紀念碑的人如果謹慎，開工前就該更精確估計工程所需的費用。也許正源於愛丁堡人的謹慎，這座紀念碑才沒法完成。如今，它站在那兒，不時提醒愛丁堡人，謹慎之必要。

無論眞相爲何，蘇格蘭的謹愼小心是四處聞名的。下面是一則前幾天《蘇格蘭週刊》上的故事：「兩個老朋友碰面後正說著話，一名年輕人上前問他們時間。威利答說不知道，年輕人於是走了。『你怎麼不告訴他呢？』威利的朋友問。『因爲，』威利說，『我如果告訴他，我們會開始聊天，他會跟著我們一起走。我們會經過我家大門，我很可能會邀他進去。他會見到我女兒珍妮。我不想有個連錶都買不起的女婿！』」

　　中國也有個非常類似的故事，幾百年前發生在個女人身上。一個男人很窮，三餐不繼，一天，他在街上發現一個蛋。回家後，他開心地告訴太太，他發財了。他太太問他怎麼回事。他拿起蛋說，「這就是了。但還得經過十年，我才會眞正發財。如果我拿這蛋，」他繼續說道，「讓我們鄰居的母雞孵化，我就可以得到一隻孵出的母雞。那母雞會生蛋。一個月內我們就會有十五隻小雞。過兩年，這些小雞會長成母雞，孵出新的小雞，以此類推，我們就會有三百隻小雞。接著，我會拿這三百隻小雞換成十錠金塊。我會拿這十錠金塊買五隻母牛。母牛會生出更多母牛，直到最後我們有一百五十頭母牛，於是我會拿去換三百錠金塊。我會拿那三百個金塊去放高利貸，經過三年，我就會有五百個金塊。這時我會拿三分之二的金塊買農地和房子，三分之

一買僕人，三分之一買個小老婆。那時我們不都可以快快樂樂地安享餘年了嗎？」可是那太太一聽到，丈夫打算拿想像中的錢買個小老婆，立刻勃然大怒，打碎了雞蛋，並吼道，「不准你留下這禍根！」氣壞了的丈夫揍了老婆一頓後，帶她到縣老爺那兒。「這死女人剛剛毀了我所有的財富，請您處罰她。」他說。縣太爺問道，她毀了的到底是什麼樣的財富？那人重新說了一遍他的計畫，一直說到小老婆部分。「這麼大的一筆財富，全都毀在這壞脾氣的死女人手上！一定得處罰。」他下令鞭打那女人。「我丈夫說的財富根本不是真的」，女人抗議道，「為什麼打我呢？」「妳丈夫買小老婆的事也不是真的，妳為什麼嫉妒呢？」「話是沒錯，老爺，可我想，我最好在事情發生之前就攔住他。」女人回答。真是有遠見又謹慎。

身為中國人，我一直提醒自己，不要過分謹慎。看到這象徵謹慎之必要的愛丁堡國家紀念碑，我覺得很安慰。我知道，世間無一物像它了。

● 女人與雞蛋

詩情畫意　Poetic Illusion

　　萬事增長，據說，連人的壽命也不斷地延長，可是，人終究還是活不過一百年。唉，我已經虛度近半生，怎麼可能還有時間研究蘇格蘭的歷史呢？

　　關於蘇格蘭歷史，我知道一些瑪莉女王的故事。她淒美的身姿將我召喚到了荷利羅德宮（*Palace of Holyroodhouse*）。沒了她，那兒就如同其他地方，只是普通宮殿。可是她和荷利羅德宮一起，卻產生了詩情畫意的感覺。

　　在中國，許多古老宮殿都消失了。蓋於十四、十五世紀的北京故宮算是新的了！可是描述那些宮殿的詩歌卻留存了下來。唐宋詩人寫了無數詩歌，描述他們所知的宮廷景色，以及他們對漢和帝、六朝時期、隋煬帝及唐玄宗宮殿的感受。我手邊沒有中文書，也想不起任何浪漫典故，不過，雖然未央宮、秦陽宮、長興宮、朝陽宮、長明宮、華清宮早已不復存在，我們的文人雅士卻一直對這些宮殿嚮往不已。詩人們很少描述華麗的宮廷生活，他們大多著墨宮牆內浪漫的愛情故

● 荷利羅德宮的庭院

事。大多詩作都以抒情的方式表達，無論思想、情懷都會在讀者心中激起共鳴。以下面李白這幾行詩為例，描述的正是戰國時期越王勾踐的宮殿：

宮女如花滿春殿，至今惟有鷓鴣飛。

或杜甫這幾行詩：

江頭宮殿鎖千門，細柳新蒲為誰綠。

或劉禹錫這幾行詩：

為是襄王故宮地，至今猶自細腰多。

崔櫓這幾行有關華清宮的詩也是代表：

竹遮回磴絕鳴鑾，雲樹深深碧殿寒。
明月自來還自去，更無人倚玉欄杆。

更無人倚玉欄干
明月自來還自去
雲樹深深碧殿寒
竹遮回磴絕鳴鑾
右崔櫓華清宮詩

右劉禹錫句
至今猶自細腰多
為是襄王故宮地

右杜甫句
細柳新蒲為誰綠
江頭宮殿鎖千門

右李白句
至今惟有鷓鴣飛
宮女如花滿春殿，

● 瑪莉女王注視著燕子（看過法國國家圖書館的素描後所作）

這幾個例子正說明詩人可能有的感受，就怕我的英譯無法傳達原詩之美。如果讀者熟知詩裡描述的浪漫故事，感受就更強了。的確，倘若沒有這些多彩多姿的愛情故事，這些宮殿不可能賦予詩人這麼多靈感，華清宮和其他宮殿怕也早讓人忘得一乾二淨了。

崔櫓的詩頗能表達王宮在我心中激起的感受，即使常識告訴我，處在蘇格蘭的天氣裡，瑪莉不太可能如中國女士向月亮傾訴心事。

我花了很多時間幻想一些關於瑪莉的事情。如果她的第一任丈夫法國王儲沒有英年早逝，如果兩人的婚姻生活圓滿又幸福，她會有什麼不同？蘇格蘭會有什麼不同？蘇格蘭和英格蘭的關係會有什麼不同？或者，如果達爾利勳爵（Lord Darnley）是位像亞伯特王子般能幹的夫婿，這位蘇格蘭女王會為她的國家成就什麼樣的事業？如果她像伊莉莎白女王，老練地處理自己的感情生活呢？或者，換個角度，如果不用當女王，她語言、音樂、詩作方面的傑出天分會讓她大放異彩嗎？她的美貌會讓她的愛情更完美嗎？

在我看來，一些批評瑪莉愚蠢又偏執的文字似乎都不太公平，甚至殘酷無情。她生下來九個月即登基成為女王，年輕歲月都是在耀眼歡樂的法國宮廷裡度過的。她從不知「煩惱」二字，直到十七歲成為寡婦。雖然年紀輕輕就遭逢喪夫之痛，她卻得不到婆婆凱瑟琳‧梅地西

（Catherine de Medici）的諒解與同情。她回蘇格蘭時只有十八歲，卻又面臨摯愛母親蓋斯的瑪莉（Mary of Guise）去世的打擊。她所處的是怎麼樣的困境呀！首先，一位基督教史上極強悍的信徒質疑她的宗教信仰。我雖然欽佩約翰‧納克思的性格和誠實，可他施壓力於這早已深受打擊的年輕生命，實在過於冷酷無情。在她的宮廷裡，權謀不斷，人人都想討好她。她沒有真正的朋友，只有不計一切願意為她犧牲、可又毫不以國家利益為重的人。

人生必經的一大磨練，就是抵擋誘惑。當美色結合權利時，很少人能加以抗拒。貌美如花的蘇格蘭女王聽到的只有讚美，沒有忠言，她沒有足以規範她的導師，整天隨心所欲，為所欲為。結果，不幸接踵而至，最後不可收拾，也就不令人意外了。想想她所遭遇的那些困境，我們能說她太愚蠢、太偏執嗎？她能夠那樣控制自己的脾氣，已經讓我佩服得五體投地了。中國古代帝后、聰明美麗的人也留傳了許多悲慘的愛情故事。對我這中國人而言，蘇格蘭瑪莉女王的命運一點都不奇特。我們有句俗語：「自古紅顏多薄命」。

現在且讓我談談參觀荷利羅德宮的觀感。我隨著一些人進了長形大廳。那大廳還不至於大得嚇人（好比像漢普頓宮〔Hampton Court〕的大廳那麼大），也沒有各種有趣的細部擺設，只有幾幅國王、皇后

的畫像，一些擺在桌上盒子裡的零碎東西。也許其他具有歷史意義與藝術價值的東西都在戰時給移到別的地方去了，不過即使裡面擺了其他展示品，我的感覺也會差不多。我沒有留在大廳，聽那上了年紀穿制服的館員述說畫像的故事。我只覺得好奇，那些畫家為何要用那麼暗的顏色，搞得大廳更加陰暗。室外瀝瀝飄著雨，增添了室內陰鬱的氣氛。我走到大廳另一頭，在一扇窗子邊站定。我沒法想像舊日宮廷大開宴席、觥籌交錯的光景，但我確定，這大廳一定整天燃著巨大蠟燭。那所有的禮儀、服裝、語言也許和我們舊時的宮廷不同，那些四散的熱情、狡詐的陰謀、致命的襲擊卻應該沒有太大差異。這大廳的牆壁，和如今同樣暗沉空蕩的北京宮牆，都見證了這一切。這些歷史事件，還有它們對後代造成的影響，讓我們更懂得怎麼面對自己的生活了嗎？唉！我們總免不了想到：人類真有可能由經驗中成長嗎？

如今我轉過身，望向窗外。皇家花園裡的花草樹木，以及往前延伸的寬闊綠地，直達壯麗的亞瑟王寶座，為皇宮裡的人提供了絕佳景觀。景物雖依舊，原本立著偉大國王、皇后、王子、貴族的地方，如今卻站著一個來自中國的小人物。

離開大廳時，我意外發現兩件小小的動物石雕，一組是一群豬，還有一隻母牛，這些一定是被拿來當作制門器用的。那雕刻很好，看來也很有趣。一般訪客都沒留意到，但我卻想到了兩行詩：

● 雨中的瑪莉女王溫泉樓

細認石刻攔門獸，似有纖纖玉指痕。

自然，正常情況下，皇后、公主是不會碰這些東西的，可我卻忍不住想到，瑪莉有時想要不受干擾地獨處時，也許還是碰過它們。不過，那只是我的想像。我並不想完成這詩。

我在謁見廳裡特別細看了兩張繡花椅。我知道，這是女王接見約翰·納克思的地方，可我沒法想像那景象。接著，我們進入一個房間，那兒有著皇室的床，縵子、簾幕、天蓬都非常陳舊，久遠以前，無數浪漫情事在此上演。我忍不住瞄了瞄床下，年輕法國詩人闕思拉德（Chastelard）在那躲了幾小時的地方，可我只覺得奇怪，他怎麼鑽得進這麼窄的地方？火爐四周，設計簡單的陶盤看來有趣，應該產自荷蘭。我想像坐在火爐四周各懷心事的人，我也看了一眼意大利音樂家里澤歐（Rizzio）最終發生意外的小房間。這些房間看來都不特別，它們的特別之處在於所見證的特殊事件。

荷利羅德修道院散布著國王、貴族、主教的石棺與墓碑，看來也和許多蘇格蘭教堂、城堡的墓園沒什麼差別。一個附有銅牌的特殊箱

指 有 攔 細
痕 纖 門 認
　　纖 獸 石
　　玉 似 刻

子，說明許多國王、皇后遺骨在此，也清楚道出，所有人類終不可免的結局。宋朝詩人陸游的詩很能表達我在墓園裡的心情：

昔人莽莽荒邱裡，陳迹紛紛朽簡中。
畢竟是非誰管得，舉杯我欲問虛空。

進入皇家花園前，我始終沒弄清楚，那兩座大理石雕像是誰。許多花都開放了，顯然與它們十六世紀的先祖一樣明麗、一樣鮮艷。唐朝詩人元稹描述過這景色：

寥落古行宮，宮花寂寞紅。
白頭宮女在，閒坐說玄宗。

只不過，荷利羅德宮裡沒有白頭宮女，只有兩名白鬍子皇宮管理員，不停向遊客述說瑪莉的愛情故事。

離開前，我繞著破敗不全的噴水池走了一圈，也穿過長得極高的草走到幾棵樹邊。天空正下著雨。站在標示皇宮邊界的矮牆旁，我想到

籠十里堤
最是臺城柳依舊煙
朝如夢鳥空啼無情
江雨霏霏江州齊六
右唐元稹行宮詩
坐說玄宗
寥落古行宮宮花寂
紅白頭宮女在閒
右陸游雜賦絕句
欲問靈空
是非誰管得舉杯我
迹紛紛朽簡中畢竟
昔人莽莽荒邱裡陳

右畫莊金陵圖詩

另一位唐朝詩人韋莊的詩：

江雨霏霏江草齊，六朝如夢鳥空啼。

無情最是臺城柳，依舊煙籠十里堤。

荷利羅德宮給了我多麼詩情畫意的感覺呀。

結束參觀後，我寫了八首關於女皇的詩，只不過，我不知道，譯成英文後，它們是否仍如中文般清楚易懂。下面就是這八首詩：

呢喃燕子尚雙飛，絕艷天仙願卻違。

霹靂數聲濃霧裡，家家驚說女王歸。

宮苑繁華幼習聞，才情如水貌如雲。

滿城佳麗爭迴避，忙煞公卿繞繡裙。

主師五度叩天聰，舊教新章難強同。

縱使嬌嗔和淚語，忠腸不為少通融。

怕聽宮前燕雀鳴，天生麗質太多情。

酣歌妙舞消長夜，床底詩人空自橫。

彩鳳無儔覓俊鸞，天妃下嫁萬人歡。

那知俗骨非仙偶，竟日顰眉向百官。

玉面飛紅別樣嬌，高燒蠟柱醉通宵。

滿朝文武爭承寵，未許琴師慰寂寥。

翠輦回宮只暫離，恩隆義重賀佳期。

可憐夫婿陳屍夕，正是纖腰縵舞時。

脂粉輕勻隱淚痕，狂夫未解說溫存。

三婚大典無寧日，從此人間悼麗魂。

呢喃燕子尚雙飛，鮑豔天仙願郤違霹靂

數聲濃霧裡，家家說女王歸

宮娥蓬鬢華幼閨習聞才情如水貌如雲滿城

佳麗又度叩天聰愁忿鄉繞鸞裙

玉師又度叩天聰舊教新童難強同糅使

怕聽官前舊雀鳴天生麗質太多情酣歌

嬌嗔和淚苜床底詩心空自橫

妙舞消長佳俊鸞

彩鳳無儔覓俊鸞天妃下嫁萬人歡那知

俗骨非仙偶竟日顰眉向百官

玉面飛紅別樣嬌高燒蠟柱醉通宵滿朝

文武爭承寵未許琴師慰寂寥

翠輦回宮祇暫離恩隆義重賀佳期可憐

夫婿陳屍夕正是纖腰縵舞時

脂粉輕勻隱淚痕狂夫未解說溫存三婚

大典無寧日從此人間悼麗魂

詠蘇格蘭瑪莉女王絕句八首　必琚

與世隔絕　Perfect Seclusion

　　我由教堂丘步出地鐵時，天空正下著雨，我決定毫不耽擱，朝布瑞德隱廬（*Hermitage of Braid*）走去。問過方向後，我很快找到小山頂上紅色沙岩蓋成的大教堂。我很想好好看看那教堂，可是雨愈下愈大，我不由自主加快了腳步，結果只匆匆瞥了教堂一眼。雖然只是匆匆一眼，那雨中溫暖、清新的感覺卻深深打動了我。

　　雨水如今傾盆而下，我甚至看不到晨邊路（*Morningside Road*）的盡頭。道路由這兒往上升了一段。我不清楚隱廬還有多遠，也見不到個可以問路的人。我甚至想轉身往回走，另外找個時間上隱廬，可心中仍然充滿了好奇。我雖不想像蘇格蘭人那麼固執，卻控制不了自己，於是我繼續往前走。

　　如今我左轉，發現一道大開的木門，通向一個建築前院，背後有許多樹木。那門上沒有名牌，也沒有任何英國常見寫著「私有用地」的牌子。我走進去，想起不久前讀過的一則蘇格蘭故事，徹底消除了心中最後的疑慮。故事說，約翰・富比士爵士煩透了在芬崔屋上來來去

去的人，他要守門人將那些人全都趕走。一天早上，約翰爵士發現，自己面對面碰上了一個正走在那塊地上的人──彼得‧辛克列。他做個手勢，要對方離開。「為什麼呢？約翰爵士，」彼得問道。「我走這兒是有原因的。面對波拿巴（Bonaparte）和他的軍隊時，我沒有回頭，如今，我也不會因你而回頭，約翰爵士。可不是嗎，約翰爵士，我一趟又一趟走過世界，經常只聽到人家敦促我前進，從沒回過頭，而今，我自然不打算回頭，約翰爵士！」約翰爵士始終沒機會打斷那一長串滔滔不絕的話。辛克列走後，他修正命令，要求僕人，「除了那該死不回頭的彼得‧辛克列，不准任何人穿越這兒！」

只要自認是對的，蘇格蘭人可以和中國人一樣固執。我們國家也有一個故事，說明我們真的非常固執。但其實那故事裡的人是頑固，不是固執。有一對父子，兩人皆冥頑不靈。一天，有個客人要來晚餐，父親於是要兒子進城買肉。

回家時，兒子正準備走上一條窄路，迎面卻來了一個人，也要走上窄路。兩個人都不願退讓。父親眼見兒子老半天不回來，只好出去找他，在路口找到他後，立刻明白了問題所在。「你馬上帶著肉回家，我來和這傢伙耗下去。」這些中國人不也有著和彼得‧辛克列一樣的精神嗎？我經常聽人說，蘇格蘭人永遠都會存在這世界上，中國人難

● 約翰‧富比士爵士與彼得‧辛克列

道就永遠不會存在這世界上嗎？日本人原本預計三月亡華，可是我國人民永不退縮的精神，卻讓中國挺過了多年戰爭，而且，還會讓她永遠屹立不搖。

　　我順著一條步道向前走，兩邊都是高大的樹木，四周靜謐，我的情緒完全沉澱下來。可是，停下專心看著景物細節時，我才發現，那靜謐是由各種聲音組成。潺潺小溪、傾盆的雨、橫掃過枝葉的強風、偶而幾聲的鳥鳴，每種聲音都很獨特，卻共同形成了一片和諧的音樂。這寧靜，我只在大自然舉辦的交響演奏會上聽過幾次，那風、那雨、那沙沙響的葉子、那震顫的枝子、那鳥、那潺潺水聲，全都是大自然的樂器。不知怎地，我覺得，我並非唯一的聽眾。在我看不到的地方，草裡的青蛙、蟲子，溪裡的魚，土裡的地鼠、兔子，一定也都在聆聽。附近草原上一些綿羊停下吃草動作，躺在那，仰著頭，專心聆聽，小小的眼睛半闔，嘴唇規律地動著。這些聽眾顯然非常捧場。牠們沒有留意到我，一個滿腦子奇怪念頭的人類，不過，牠們飽脹的滿足感卻影響到了我，我拿出三明治，緩緩嚼了起來。綿羊顯然較我占了優勢，雨水沒法滲透牠們的毛皮，牠們也不用就著濕紙袋吃東西！

　　如今陽光照亮了原野，一些膽子大的動物開始出來吃草，我也立起身往前走。步道在我面前蜿蜒，那上面的清新草地經過雨水沖洗，

升起一層淡淡的綠色蒸氣。如今，我耳中只聽到一彎小瀑布清澈、舒暢的嘩嘩聲。我進入一塊空地，四周圍繞著高樹，一邊聳立著一座小山。我見到，前方不遠，依著小山，蓋了棟灰色的石屋。那屋沿著牆角整齊地種了一圈花，前方是一塊剪得整整齊齊的優雅草坪，上面罩了層淡淡的霧氣。靜謐中，不見任何鳥雀飛過，只有一隻蒼頭燕雀在一棵樹附近跳動，慢慢地，雙足似乎非常沉重。如今我在一個石頭上發現了一塊告示，指出這是布瑞德隱廬，是約翰‧麥度格（John Mc-Dougal）捐給國家基金會的禮物，稍後我會說明，我其實認識麥度格先生。還有個告示表示，這房子目前不開放。不過，我並不想太靠近，我怕自己會破壞了那寧靜。我想起隱士詩人陶潛一首非常有名的詩：

> 結廬在人境，而無車馬喧。
> 問君何能爾，心遠地自偏。
> 採菊東籬下，悠然見南山。
> 山氣日夕佳，飛鳥相與還。
> 此中有真意，欲辯已忘言。

雖然此處無菊可採，布瑞德丘和這難得一見的孤寂隱廬，與城市

結廬在人境，而無車
馬喧。問君何能爾，心
遠地自偏。採菊東籬
下，悠然見南山。山氣
日夕佳，飛鳥相與還。
此中有真意，欲辯
已忘言

右陶潛五古一首

卻僅有咫尺之遙，這詩倒也相當恰如其分。陶潛的住處離我的出生地不遠，這麼說來，布瑞德隱廬與我之間似乎還有些特殊關聯。有人告訴我，這隱廬從前屬於一位荷蘭爵士，他隨詹姆士一世來到蘇格蘭。由於對國王忠心耿耿，詹姆士便蓋了這隱廬送給他。如果這話屬實，陶潛的詩就不怎麼恰當了，因為當時國王和其他貴族的車馬必然絡繹不絕，前來拜訪這位爵士。然而，身為詩人，詹姆士一世也許正如陶潛，由詩人的角度看待這地方。時間、距離、語言，也許為他們二者築起了無法跨越的藩籬，他們對孤寂的共同愛好，卻讓他們緊緊地結合在一起。我自己或許就體會到了當時陶潛在九江隱廬中的感受，而且，這感受並非我獨有。我們為什麼要自囿於彼此的差異，看不到相互間的共同點呢？

我非常欣賞約翰‧麥度格先生寬闊的胸襟。兩三天前我才有幸在黑津丘的另一頭見到他，和他聊天。當時，我們沒有交換姓名，後來我偶然地知道了他的名字。他告訴我，他去過艾歐納島（Iona）三次，並非常生動地描述了他的經歷，我六、七年前由歐本灣（Oban）去過那島上一次，但是印象已經非常模糊。聽到我說，我準備繼愛丁堡之後，在威廉堡待十天，麥度格先生表示，蘇格蘭高地上的人喜歡雨，而且喜歡在出太陽時，談論當地多變的氣候。剛剛才在傾盆大雨中拜

訪過隱廬（如今又開始下雨了），想起他說的話，不禁讓我莞爾。

如今我隨蜿蜒步道經過隱廬。高聳的樹木和兩旁的小山使得頂上只剩下小小一條天空。中國人俗稱的「一線天」也不足以形容那景象，交織的枝葉已經將那一線天空分割成了點。布瑞德溪上，一道瀑布由人工堆疊的石頭間流出，正嘩嘩流入個小池子。那水聲聽來很真實，讓人以為，深山裡有個天然瀑布。那讓人想到炎夏裡中國人嚮往的清涼，不過，蘇格蘭的夏天不熱，那瀑布只使我渾身發抖。

我繼續往前走。感覺上，我似乎走在祖國的土地上，也許在杭州，也許在蘇州，也許在南京，也許在我摯愛的九江廬山茂密森林彎曲的步道上。布瑞德小溪在山丘上的樹木間穿梭，即使泥土的顏色、彎曲的步道，都是那麼地熟悉。直到見到一位穿著褐色雨衣的年輕女孩，坐在木椅上吃三明治，我才重新回到現實。剛剛勾起的鄉愁很快消失。在英倫三島住了那麼多年，我早已不再覺得自己是外國人。這是我的第二故鄉，自然景觀與我的祖國毫無二致。人與人之間表面的相異不是重點，就算同是中國人，南方人和北方人的差距難道不大？

最後我離開步道，沿著小溪往前走。我可以聽到我的雙足踩在濕草地上輕輕的足音，伴著間斷鳥鳴和嘩嘩流水。忽然一片水珠噴灑

● 經過隱廬的步道

到我頭上，我還以為雨勢又變大了，後來才知道，這陣雨，是強風颳過，枝葉上落下的水珠。風吹過時，葉子輕輕顫動一會，然後歸於沉寂。我抬起頭，見到最頂層樹葉間的一抹亮黃，我知道，太陽又出來了。我自顧自背起了明朝魯鐸的詩：

細草緣蹊軟，晴朝步屧遲。
往來深樹裡，啼鳥不曾知。

我一向喜歡觀看流水。流水教會我許多事情，最特別的是，古代中國哲人以流水比喻人生。布瑞德溪平靜、平坦的表面，有如一片玻璃。接近溪底，一叢叢小草漂著，漂出了視線。小草一定漂了很遠，也許始於某個高山上，由小雨滴匯集而成，一路聚合更多力量，不斷與擋路的蘆葦、泥巴、石頭進行慘烈戰鬥，不斷奮身向前。我自己的一生呢？我說不出我旅行了多遠，也想不起曾經克服的困境。只知道，小溪流水最後變清澈了，我的人生歷練也滌淨了我的靈魂。

我開始覺得口渴（都是因為吃了乾巴巴三明治，並走在寒涼小溪裡），準備俯身到溪裡解渴，忽然想起《宋書‧袁粲傳》上的一則故事。有個國家有一口泉水名為「狂泉」，每個人喝了那水，都會變得

細艸緣蹊軟晴朝步
屧遲往來深樹裡啼
鳥不曾知
右明魯鐸散步詩

瘋瘋癲癲。爲了避免變瘋，那兒的國王讓人挖了個深井，並只喝井裡的水。結果，他變得和人民完全不一樣，大家都認爲他瘋了。他們聚在一起，商量治療他的方法，不久，各種藥物、原始的外科手術都在那可憐人的身上實驗過了。最後，國王再也受不了，絕望下，他喝下「狂泉」的水，很快就變得跟人民一樣瘋癲。這時，他們於是歡欣鼓舞地宣告，國王痊癒了。

我笑著想到麥度格先生高地上的朋友，一看到太陽出來，就開始抱怨氣候多變。人的想法多容易受環境影響呀！我蹲下喝水，並想到，我和蘇格蘭人已如此相似，我應該喝他們溪中的水，讓彼此更緊密相連嗎？到時候，我牛津的朋友會怎麼看我呢？我繼續往前走。

樹頂上零零星星灑下了一些雨。小溪快活地潺潺流著。我的眼光隨著一隻小鳥，由水上一塊石頭飛至另一塊。那小生物相當漂亮，白胸口，黑羽毛，可牠卻不像燕子般飛得又快又久。牠看來像白鶺鴒，尾巴擺動的方式非常迷人：快速地一上一下，鳥腿似乎不斷伸縮著。那鳥在石頭間一伸一縮，節奏愉悅、平靜，仿若優雅芭蕾舞者踮著腳尖的精巧動作，直至最後消失在一些大石頭之間。

鄉間總是美景無限，不久我就瞥到一隻亮藍色的蜻蜓，棲息在溪邊一片長葉頂端。我聽說，藍蜻蜓在英國很普遍，但我很少見過。我想

起在因維尼思郡（*Inverness-shire*）見過高地兒童深藍聰慧的眼睛，我曾幻想，那藍眼睛也許是由蘇格蘭夏日海水染成。那蜻蜓奇妙地停在葉片上，四片翅膀向上伸起，除了隨著葉片和諧地搖晃，一動也不動。忽然，牠舉起兩隻前腳，伸過頭、臉，互相摩擦。接著牠開始摩擦後腳，兩隻大眼睛一直盯著我看。感覺上，那像個挺友善的蘇格蘭人，打算跟我說話了，卻先拿右手掌擦擦臉，再摩搓摩搓兩隻手，才說道：「你覺得這裡怎樣？」我不敢大聲說話，只能小聲答道，「這裡悠哉又安靜！」我幾乎聽到了蜻蜓摩著雙腳回答我。

如今我走到隱廬步道底，看到了後面亮晃晃的陽光。是我花了太多時間在溪邊沉思嗎？或只是蘇格蘭的天氣變得太快？走出門前，我轉到左邊，爬到一棵高大松樹旁的岩石上，最後看一眼綿長彎曲的步道。由這端看來，那步道帶著股神祕氣氛。

每個場合都有相應的中國故事。梁簡文帝有一回與朝臣走在華林園時說道，「會心處不必在遠，翳然林水，便自有濠濮間想也，覺鳥獸禽魚自來親人。」自莊子說過，河裡的魚一定非常快樂後，濠水與濮水就成了歡樂的象徵。當然，只有皇帝有特權，想像鳥獸禽魚都要和他做朋友。至於我，只能說，我利用生命裡短短的一陣時光，主動來這兒，和隱廬的居民交個朋友。噢，多麼完美與世隔離的時光啊！

● 亮藍色的蜻蜓

奇異探險　Eccentric Expedition

　　我房間窗外的雨下得很急，清楚聽到了雨聲。可是我想上亞瑟王寶座，聆聽愛丁堡周日早晨教堂的鐘聲。雨水從來都擋不住我出門的計畫。

　　如果不是前一個周日，碰巧在撒利拜瑞斷崖聽到鐘聲，我不會出這趟門。早上天氣非常好，我坐在斷崖邊的座椅上，完全沉浸在寧靜、清新的空氣裡。一束陽光在薄霧中閃爍，空氣中的每粒微塵都正忙著四處移動。這時，鐘聲由一處教堂接著一處教堂不斷響起。剛開始，我還分辨得出霧中傳來顫巍巍的單一曲調，每個音符都清澈純淨，似乎滌淨了我的心靈，驅走了我腦海裡所有的陳腐思想。我不自覺站了起來。愈來愈多鐘聲響起，每個鐘聲都很獨特，但又彼此融合，形成絕無僅有的和聲。我摒住呼吸，心中充滿既澎湃又澄澈的快意，直到最後響亮鐘聲化為平靜的尾音。我這才知道，我們偉大的哲人和樂師是對的，聽音樂最好保持一段距離，最好位於高處。也許我只是運氣好，有幸聽到透過晨霧傳來的鐘聲。較之擠在室內牆壁間，被市街上混濁空氣污染的曲調，這樂音自然好太多了！我聽過許多關於中國古

代著名樂師的故事，說他們喜歡在樹林深處、花園角落的大樹蔭下，彈奏樂器。聽眾通常坐得遠遠地，如果必須待在室內，也會坐在屏風後，以便不受干擾地聆聽樂曲。現代人則緊緊坐在擠滿人的音樂廳裡，看著台上音樂家手部動作、臉部表情，有時甚至不顧一切地（如果剛好是英國的冬天）打噴嚏或咳嗽。

西方基督宗教的教堂鐘聲聽來像我們廟裡的鐘聲，只不過後者只有一個音。它們製造的方式相同，因同樣目的響起，唯一差別在於質料。我不知道，西方教堂第一口鐘是什麼時候鑄成的，中國三、四千年前的商周青銅器中，就出現了廟鐘。我們常以「暮鼓晨鐘」形容啓迪心志，喚醒良知。站在撒利拜瑞斷崖上，我脫口說出這四個字。

在這兒，我忍不住要提一下蘇州寒山寺廟鐘的下落，我大約十五年前見過那口鐘。寒山寺落成於六、七世紀，我不清楚當時是否就有那口鐘了。如同許多中國廟宇，那廟也在原地重建過許多次。我見到的廟和鐘一定已經年代久遠。由於唐朝詩人張繼一首著名的五言絕句，中國小孩都熟知我所說的那口鐘。幾世紀來，日本學者也知道那詩。一定是十八世紀初期，日本開始拓展文化時，由遠赴中國學習的貴族、文人帶回日本的。日寇於1937年底入侵蘇州後，便設法在全日本播放寒山寺的鐘聲。這麼一來，等於告訴他們的人民，日本軍力已經

● 從荷利羅德宮望見撒利拜瑞斷崖

● 雨後的聖安東尼教堂與聖瑪格莉特湖

到達蘇州。我不知道，那鐘聲是否提醒他們，一千兩百年前他們文化的出處？那鐘聲似乎沒法啓迪他們的心志，喚醒他們的良知。據說這口鐘如今在日本。1942年，我參加了在倫敦舉行的國際藝術大會。會中決議，將發表聲明，要求將戰時掠奪來的藝術品悉數安全歸還原屬地。我希望能在寒山寺再見到這口鐘。

我已經脫離主題了。撒利拜瑞斷崖上的鐘聲帶給我喜樂，讓我離了題。那天早上離開斷崖前，我心想，要是能由亞瑟王寶座上聆聽鐘聲，可就更妙了。我沒法立刻上山，只能留待另一個星期天。我不喜歡勉強自己，做出違背直覺的事。在這愛丁堡下著大雨的周日早上，我是勉強自己上亞瑟王寶座的嗎？不，我有股奇想，想在這不尋常的天候裡聆聽鐘聲。而且，這天早晨，我肯定是亞瑟王寶座上唯一聆聽鐘聲的人。奇異探險就此展開！

戴好帽子穿上外衣出門前，住處的女房東對我說，「看來今早天氣對你而言不是很好。」我想回答：「我不會介意的。」可我後來只說了句，「也許就要放晴了。」我深知上山路線，於是一路順著皇后大道往堂薩佩湖（*Dunsappie Loch*）前進。路上一個人都沒有。我的視野有限，霧濃得似乎連雨都下不來了，否則就是雨點與霧靄已混成一氣。我僅看得到皇后大道一邊的一小段矮牆。我不斷前進，那矮牆也沒

個盡頭，更妙的是，長度還一直不變。我得說，要不是深知自己的方向，我絕不該繼續往下走。我一會兒墜入無聲無息海浪般的白色泡沫中，一會兒給帶上了天堂——直到踏踏實實的馬路提醒我身在何處。到達堂薩佩湖前，我左轉走上小山的青草坡，不斷往上爬。一叢叢黃色野花到處開心搖著頭，好像正跳著舞，領我前行。不時會有一隻蒼頭燕雀或別種小鳥飛近草地，告訴我，我並不孤單。雨勢減緩，輕輕飄著，然後又變成傾盆大雨。薄霧變淡並消失了一陣，小山和岩石清楚地顯露出來，可一會兒之後，又給遮蔽，不見了。有時我身後颳起強風，我便順風前進，等風勢稍歇，我就讓霧靄托著，一步步向前走。我覺得很熱，霧氣黏在身上，熱情地溫暖了我全身。我心裡浮現了一首小詩：

雨無阻行意，浮雲信手揮。

莖嬌花自舞，羽重鳥低飛。

草色新如洗，山容潤更肥。

我志在幽遠，臨高待日暉。

如今我抵達步道上的難行路段，必須步步為營，形狀不一的潮濕

雨無阻行意浮雲信手揮
莖嬌花自舞羽重鳥低飛
草色新如洗山容潤更肥
我志在幽遠臨高待日暉

雲雨中登獅子山

岩石可能非常滑溜。走了段長路後，我發現自己坐在方向指示牌附近的小岩石上，同時認出，我以前也在那兒坐過。我閉上眼睛，放鬆自己，深吸了口氣。時間一定還很早。

有一會兒，我腦子裡什麼都不想，眼睛裡什麼都看不到，耳朵裡什麼都聽不見，不過，我似乎還是感覺得到霧氣的流動。忽然，遠遠地，輕輕地，清楚響起了一聲、兩聲教堂鐘鳴，愛丁堡教堂要開始敲鐘了。並非所有鐘聲都明確可辨，但較之撒利拜瑞斷崖上，由這兒聽來，鐘聲還更清澈純淨。奇怪的是，它們似乎並非由下方傳來。我不知道現代科學家對此是否有所解釋，我只知道，感覺上，鐘聲於我上方響起，似乎來自天堂。一則中國古老傳說又浮現我心中。從前我們喜歡說，凡人有時也可以聽到仙人彈奏的仙樂。唐朝大將軍郭子儀尚未發跡前，有一回，就聽到了這種音樂。他抬起頭，看到一群仙人在雲中彈奏各種樂器，於是跪下向仙人請安。為首的仙女問他，有沒有什麼心願？他還沒開口，仙女便說「大富貴，亦壽考。」接著仙人便離開，消失了。後來郭子儀果然享有這福分。如今換成了我，在外國的土地上聆聽仙樂。也許霧靄太濃，我的眼睛看不分明，也許西方仙人不喜歡我扁平的面孔。無論原因為何，我見不到任何仙人。但有機會在亞瑟王寶座上聆聽這音樂，吾願足矣。這言語無法形容的時刻，

不敢高聲語
怕驚天上人
李白句

連小鳥都噤聲了。詩人李白有一回在高山上，寫出了下面兩句詩：

不敢高聲語，怕驚天上人。

正是我此刻的心情寫照！萬籟俱寂中，我做了下面這首長詩：

蘇京多奇蹟，其勝在獅山。

雖不高千尺，常隱白雲間。

我來風雨俱，破曉窮登攀。

四望無涯際，縹渺接天關。

天人何可遇，獨坐自開顏。

悠然失塵累，心靜始能閑。

忽爾晨鐘響，有如仙樂班。

似遠復似近，神韻千萬般。

安得青鸞使，飛翔共往還。

何處？我清醒過來四處張望，何處傳來狗吠？我還以為，這兒只我一個人。可在下方山谷裡，我看到了一隻褐色的小狗，朝著一群綿羊吠叫，四處追趕牠們。牠顯然想控制牠們，可綿羊換了個位置後，又重新一小口一小口吃起了青草。然後我見到四周景物全都變了。我又回到了地面。雨什麼時候停的？霧什麼時候散的？我從雲端掉下來了嗎？雲朵升高了，好留我一個人在這兒嗎？不，很明顯地，我並非亞瑟王寶座上唯一一人。一對穿著海軍制服的年輕男女站在岩石邊，觀看撒利拜瑞斷崖和男孩斷崖間山谷裡練習射擊的國家防衛隊。機關槍的聲音讓我傻了眼。一名老紳士搖搖頭，開始往山下走。一些喧鬧的年輕人，正設法爬過步道上崎嶇路段，他們後面尾隨著幾名成年人。我看到他們後面還有更多人。四面八方，都是人。跟我不久前欣賞的景色比起來，反差也太大了。也許這許許多多的活動早就存在，只是全讓濃霧遮住了，沒讓我看到。我不得不佩服大自然的神奇。

　　忽然我耳邊響起一個友善聲音。聲音來自一名年輕海軍軍官，陪著他的是位年輕活潑的小姑娘。「你覺得這兒怎樣？」他問我，開啟了話題。

　　「很好，」我說，「非常好的一塊地方。」

　　我們沉默了大約一、兩分鐘。

「你一定已經在這待一陣子了，」他繼續道，「我看到你的外套都濕了。」

他同伴的臉上帶著可愛笑容，她似乎覺得她那多話的年輕軍官很有趣。

「你知道，」他又說了，「我讀過你們一位同胞寫的一些書。他對我們倫敦和湖區的觀點相當特別。他看事情的角度跟我們非常不一樣，我覺得他的書非常有趣。可他的畫有時卻讓我覺得困惑。他畫的風景和高山跟我們看到的不太一樣……」

英倫三島還真小，我心想，同時暗笑。然後我面帶微笑地問他，對於中國人有沒有什麼先入為主的觀念？我接著說，很多生活於中國千里以外的人士，若非自己有這想法，就是聽說過，中國人身體結構跟他們不太一樣，好比說，眼球是橢圓形或立方形的。

「噢，天哪，沒有！」他大笑出聲。

「我不覺得我們看事情的角度不一樣，」我接著說，「我們處在相同的制高點，看到的事情卻不相同。好比，上到亞瑟王寶座時，你們做的第一件事是找路標，或打開地圖認清各處位置。可是中國人卻不擅于記住地名，也不怎麼能發出那些音，我們於是把注意力集中在其他事情上，對你們而言，那些事情也許太普通，引不起你們興趣。」

「噢，天哪，對了，你知道這位作家嗎？我覺得他的名字很難發音。」

啊哈，我心想，原來你是英國人，不是愛爾蘭人。這時，軍官被他的同伴叫走，去指認路標上的一個地方。我大大地鬆了一口氣！

如今那對男女開始往下走。到達岩塊區時，年輕女士驚恐地叫了一聲，她的同伴於是拉住她的手，小心地引領她往前走。由她那不慣走岩石坡路的情況判斷，她應該也不是蘇格蘭人，不過，也許她只是想炫耀身邊強健的護花使者！接著我也開始往下走。我後面衝下來一位上了年紀的女士，並在抵達下方步道時，開心地大笑。她不斷叫道「珍，快點。」八、九歲的孫女走那岩石步道似乎有些困難，她那留著白鬍子的爸爸也不例外，他們身後還有個朋友，是位波蘭軍人。「她最可愛了，」老人喃喃說道，「只是偶爾不太聽話。」那祖母站得更遠了，她開心地大聲說道，這簡直就是馬輓。她一定生於蘇格蘭高地。這不正說明了人生的多樣化？

接近堂薩佩湖時，我見到一群五個人，自堂薩佩岩和烏鴉丘之間的窪地騎馬往上走。他們很快便排成一列，背後是無邊無涯大海般的天空，輪廓完美無缺。稍後，坐在堂薩佩湖邊的座椅上時，我意外看到，那五匹馬正吃力地順著步道向上走往亞瑟王寶座。牠們不是一條

直線往上走，而是偏向左邊方向。那景象深印在我心底。很明顯，那三男二女五名騎士是出來做晨運的。此時此刻，儘管四周羊在吃草、狗在追逐、年輕人在跑跳、人群在漫步、國家防衛隊在練習射擊，整塊地方似乎只屬於他們。除了走動的馬匹，我什麼都看不見。漂浮水上的優雅天鵝不見了，湖上近在咫尺、發出呱呱難聽叫聲的鴨子不見了。那幾位騎馬的人一定很自豪！那幾匹馬看來多優雅！牠們後來在拿勒丘（*Nether Hill*）或獅腰山（*Lion's Haunch*）的坡地上再度停下排成一列時，感覺上，像是一幅傑出畫作，前方是湖，點綴著天鵝和鴨子。我一直找不到適切語言，描述我對馬匹的喜好及友情。有一陣子，前後三年，我同時擁有兩匹馬。至今我仍記得在祖國騎馬上下山的樂趣。距離我上次騎馬，已經好多年了。

陽光如今在聖安東尼山谷閃閃發亮，那明麗耀眼會讓人誤以為從沒下過雨、起過霧。我朝著聖安東尼教堂的遺跡前進，四周出現了許多人。一群軍校生由惠尼丘（*Winny Hill*）邊類似岩洞的地方蜂擁而出，個個看來精力旺盛，活力十足。我坐在教堂遺跡的臺階上休息時，他們走了過來，或玩躲迷藏，或在殘缺的石塊間跳上跳下，有些人就在我旁邊的坡地上滑起了溜滑梯。當天一定是他們的例假日。

有一會兒，我注視著愛丁堡人各色各樣的活動。他們在山坡上，或

● 堂薩佩湖

在山谷裡，或在野狼斷崖（*Wolf Crag*）邊，或靠近聖瑪格莉特湖，或在荷利羅德附近的閱兵場。然後，想到前面還有很多值得逛的有趣地方，我站起來往回走。經過皇宮和穆切石標（*Muschet's Cairn*）時，我發現自己正在通往楊格啤酒廠的路上。還沒走上那路，我就聞到一股啤酒味了。我雖然不善飲，當時卻覺得可以喝上一品脫。我認為，楊格（*younger*）最適合當作啤酒名。難怪許多蘇格蘭人喜歡喝楊格，遠勝其他著名蘇格蘭啤酒。可我不覺得需要來一杯，這周日早晨難忘的奇景已經讓我年輕了好幾歲！這難道不是一次奇異探險？

● 聖安東尼教堂

奇思異想　A Fantastical Notion

　　蘇格蘭皇家學院第一百一十七次展覽在我心裡激起了一股狂想。我會這麼說，因爲那只是我的狂想，還得經過一段長時間才能得知，那想法是否可能付諸實現。在此之前，那只是狂想。

　　且讓我說說事情始末。

　　首先，我得說明，我會熟悉蘇格蘭皇家學院的展覽，完全出於意外。到了愛丁堡的第三天，我跑到喬治街的商店區，逛舊書店，幫一位牛津朋友找些釣魚用具。喬治街是我見過街道中，修得數一數二好的。寬闊筆直的馬路兩旁，羅列著壯麗建築，路兩頭各有一座漂亮廣場，名爲夏拉廣場（*Charlotte Square*）和聖安德魯廣場（*St. Andrew Square*）。這路有一種莊嚴氣氛。對大多數愛丁堡訪客而言，王子街往往是印象最深的地方，可在那兒走了無數回後，我發現，那街的北端稍嫌商業化，跟街名不太相襯。相對而言，喬治街卻永遠壯麗華美。

　　買了釣魚用具和幾本挺有趣的舊書後，我走上聖安德魯街，跨過馬路，到維佛利車站附近，王子街的另一頭。等我經過司各特紀念碑（*Scott Monument*）時，天空下起了大雨。我新買的書不像我，不怎

麼想接受雨水滋潤。我隨著一大群人，上幾步臺階，進到一棟大建築裡。就在這兒，我發現有展覽。正合我意，我立刻買了份目錄。意外的是，座椅上擁擠地坐滿了人，心滿意足的模樣，好像都已經看過了展覽。不過直覺告訴我，許多人跟我一樣，是來這兒避雨的。角落裡一名陸軍軍官不住點著頭。蘇格蘭皇家學院座落的位置多好呀，我想到，當局又多善體人意呀，爲疲倦的人們安排座椅之餘，還提供充滿藝術之美的饗宴！

在雕塑大廳，我留意到的第一件展品是羅伯·赫伯曼（Robert Help-mann）的鍍金青銅頭像，由諾曼·佛瑞思所作。那雕塑特別打動我，不久前，我才爲赫伯曼先生的芭蕾舞作《鳥群》設計背景和服裝。雕塑呈現的赫伯曼先生是位芭蕾舞者，我想，是他所扮演的「流浪者」角色。我也喜歡羅伯·麥克尼的《班》（愈瘡木）、甘利的《約翰·格第先生》、波諾·蕭茲的《詹姆士·考爵士》、葛蘭·史帝文生的《青銅雄鹿》。最後一件作品運用高度技巧，結合了髮絲的細膩和動物的陽剛。菲利絲·波恩小姐的《靈巧與力量》（豹子）及《良伴》（三匹馬），均以非凡技巧，表現出了兩種截然不同的性格。我似乎在倫敦見過賓格利·里約恩夫人的《魯德亞德·吉卜林》（Rudyard Kipling），但卻不敢肯定確切的時間和地點。

所有油畫裡，喬治·派恩爵士四幅淺色輕淡的畫作明顯較其他突

● 從西王子街花園看到的司各特紀念碑

出，分別為《鴿丘莊》、《母馬與小馬》、《城市馬》和《高地梗犬》。詹姆士·考威爾的《佛瑞茲》和唐納·穆迪《有霧的早晨》主題不同，用色卻都大膽、不流俗。我喜歡伯思·威克《亡命徒》的筆觸，並想到了惠斯勒。已故的尼思伯特在《多雪的空中》運筆有趣而獨到。喬治·休士頓為《東風與水仙》添加了快樂的紫色調。麥金塔·派崔中尉不可能畫出較《安格斯，柯諾地之秋》更好的作品了。除了這些，我喜歡馬奇的《宵禁時分》、約翰·曼生的《夜間，哨子田》、史德羅克的《瑞德爾的麥酒山谷》、培頓·里德的《叫吧！雲雀》、法蘭克·馬丁的《可瑞思克》、史丹利·克思特的《島嶼》、莫瑞·湯普森的《白孩子及其他動物》、史班斯·斯密的《寇伊峽山峰》、查爾斯·布斯特中尉的《聖湖，早晨行進》，以及查爾斯·歐本海默的《格洛威之秋》。只有一幅畫的是當地景色，那是莫文·葛來思的《愛丁堡古堡》，令人激賞。我覺得，威廉·沃斯繪製，帶著石楠花和牛群的《牧羊女》氣氛最獨特，蘇格蘭味也很重。

最後，我走進水彩畫室。我坐在裡面沉思了好一陣子。裡面有好幾幅我喜歡的畫：約翰·葛瑞的《荒地上的樺樹》、亞利山大·湯普生的《黑人》、阿拉思特·達拉斯《費蘭斯的當德橋》、雷斯利·柯尼爾的《加立湖》、柯尼斯·克思伯森的《史蓋的波崔山谷》、約翰·艾肯的《史蓋的摩爾古堡》，以及約瑟芬·米勒夫人的《雪中的卡爾

頓山》。不過，已故尼思伯特的《冰雹雨中之風景》和已故威廉·沃斯《老虎之研究》最令我感動。我也喜歡約翰·尼可森的銅版畫《黃昏》，以及威廉·沃斯的彩色版畫《戰鬥》。水彩畫的數量比油畫少，也也較不受館方重視。倫敦的藝展也有同樣情況，對此，我一直大惑不解，畢竟，英國藝術家一向以水彩見長。

我很意外，在這展覽中發現了已故威爾森·史提的一些作品。不久前，我才在倫敦國家藝廊欣賞這位偉大藝術家的紀念展，獲益良多。我很慶幸有機會看到他的其他作品，好比《多佛港》、《藝術家母親的畫像》、《樹與風景畫》和《華伯思衛海灘》。不過，在這場合展出史提的作品，對他，對其他藝術家，都有些殘忍。策劃展出的人一定有他們的理由。

愛丁堡一個月，我看了八次這展覽，比我在倫敦看過的任何一個展覽都要頻繁，而且頻繁得多。部分原因在於，上那兒待一、兩個小時，對我來說，相當方便；部分因為那展覽中有許多山水畫。但我其實期望山水畫能更多一些，畢竟，蘇格蘭有這麼多天然美景。蘇格蘭藝術家永遠不缺繪畫題材。蘇格蘭人在文學中深切表達了他們對本地山、湖、石楠花、山腰、小溪的熱愛，由此推斷，蘇格蘭藝術家也應該畫出傑出的山水畫。也許因為我們重視山水藝術，導致我對山水畫特別的狂熱。根據我對整體西方藝術有限的知識判斷，西方藝術家似

乎喜歡依個人觀感，表達生活中戲劇化的一面，特別是人生，絢麗地展示人性光輝。因此「生命研究」這門課，就成了每個西方藝術家的必修。或許，蘇格蘭藝術家也無法免於此一訓練。我也許錯了，可我覺得，西方人像畫遠較山水畫受觀眾歡迎。

山水畫是我們繪畫裡最有特色的部分，也是中國文明的結晶。如同蘇格蘭，中國也隨處可見高山、湖泊、河流。我們每個人多少都認識，也喜歡些自然景致。我們的文人一向深深愛戀這些自然景致。孔子在西元前五世紀說過：「仁者樂山，智者樂水。」這話聽來或許玄奧，其實解釋起來很容易。無止息的寂靜流水，以堅持不懈的啟示，讓我們更有智慧，並教導我們，新源於舊。望著高山，我們想到，它滋養了生長於上的萬物，無私而寬厚地對待所有寄居其中的生靈；同時，我們了解，人類渺小，與高山相比，不過是微小的蟲豸，這時，我們心中的自大消失了，我們變仁厚了。因為希望更有智慧、更仁厚，我們喜歡山、喜歡水。中國人說山水，西方人說風景。正因如此，我們非常重視風景畫。我們學到，唯有透過風景，才體會得到深度與距離。因為：「大自然不斷變化，在不同的人面前呈現不同外貌。由於對人生的看法不同，造物者創造出的每件東西都不一樣，這是我們藝術表達的主要形式，永遠多采多姿。一塊山岩，幾尺深的流水，都能為不同藝術家激發難以想像、完全不同的畫作。無論萬呎高

山或三千哩長的河流，都能呈現在方寸畫紙之間。看那些面積不大的畫紙，你想到了你見過的大自然，你的心靈也隨著她的廣大無際而不斷擴張。」（《中國眼》，第75頁。）

中國只占地球的一小部分。我發現，蘇格蘭的天然景色非常類似我的祖國。也許正因如此，中國人與蘇格蘭人本質上有許多相似之處。在英國大師中，我一向特別欣賞柯麥隆爵士的作品，特別是他的鋼筆速寫淡彩畫。不幸的是，這次展覽中沒有他的畫作。

我以前提過，在美和藝術的表現上，東西方絕無差異。我們作品的差別在其技巧和媒材，無論東西，這些差異均可見於所有藝術家之間。可這種差異卻不能阻止東方人欣賞偉大的西方藝術，反之亦然。此外，我留意到，英國人和中國人對水彩這種藝術媒材，都特別情有獨鍾。根據已故勞倫斯‧賓揚（Laurence Binyon）的說法，英國有優秀的水彩畫傳統。英國人喜歡具透明感的水彩畫，而非歐陸常見的濃厚畫作。英國產生了許多偉大的水彩畫家，像保羅‧桑德比、亞力山大‧柯贊（J. R. Cozens）、法蘭西斯‧托尼（Francis Towne）、羅蘭生（Rowlandson）、布萊克（Blake）、葛廷、透納（Turner）、寇特曼、康士塔伯（Contable）、得‧溫特（De Wint）和考克斯（Cox）。中國人以彩墨作畫已超過兩千年，是我們繪畫藝術的唯一媒介。這是我們兩國之間的一個共同點。1935至36年間，伯林頓大樓舉行精采的中國藝術

展，證明了所有英國人對中國藝術都有一份狂熱與崇拜。

不同於口語，藝術是國際語言，人人都能理解。二次大戰後，到處一團混亂，困難重重，可我想，大戰也讓我們這些愛好和平的人更緊密結合，得以較過去更深入地互相了解。還有什麼比藝術這國際語言更理想的形式呢？托爾斯泰說，藝術的功能無限大。「透過真正藝術，輔以科學，佐以宗教，如今尚需藉助法律、警力、慈善機構、工廠檢驗等外力維持的和平，必可自由自在、輕輕鬆鬆就達到了。有了藝術，暴力必然不再存在！」如今，正是我們讓藝術發揮無限功能的時候，其中，藝術家、藝術愛好者、藝評家的責任更是重大。藝術代表藝術創造者的心靈和生活，同時普遍滿足了人類對美的熱望。二次大戰結束後，我真心期望能夠出現一個國際藝術機構，負責安排各國藝術品、手工藝品在藝展上不定期的交流展出。對於這種安排，中國必定全然支持。較之其他國家，中國的外國藝術品顯然非常有限，特別是，以中國目前面臨的困境，根本不可能購買大量外國藝術傑作。

這個國際藝術機構只是我的狂想。我知道，目前已有一些類似的聯盟，但是功能與我提議的卻完全不同。事實上，這些國際機構一點都不「國際」，其中心若非巴黎，就是倫敦，會員也只限於歐洲國家的國民，連美國與蘇俄都沒有代表參與，遑論中東與東亞了。我希望這國際藝術機構能像國際筆會俱樂部或奧林匹克委員會那樣運作。我

想，對於世界和平，這機構應能作出實際貢獻。機構中應包括藝術愛好者、藝評家、藝術家。（我覺得藝術家不該參與太多行政工作，以免個人觀感影響了判斷力。）機構應在每個國家的首都設個分部，好舉辦展覽、演講等活動。行政中心應有各國政府在背後支持，以便在適當安全措施下，安排珍貴藝術傑作的出借事宜。機構也該安排藝術教授、藝評家、藝術家解說藝術技巧。一個負責世界糧食分配的機構已經成立，那為什麼不該成立一個世界性精神糧食分配的機構呢？

為了成立這個國際藝術機構，我建議先成立個國際藝術基金，獨立於造成各國分歧的政治事務之外。當然，為了讓這機構得以順利運作，許多藝術家一定會樂於貢獻出一件藝術傑作的！

在蘇格蘭皇家學院第一百一十七次展覽的目錄上，我看到了一項「古瑟（*Guthrie*）獎」。本年度主席和委員會把該獎（獎金為一千英磅）頒給展覽中最優秀年輕蘇格蘭藝術家的作品。作品自學院三類藝術中挑選，獲選作品會被別上一個專為此獎設計的盾形徽章。看了這些，我更肯定，一定有很多藝術家支持我對國際藝術機構的想法。如果這想法真的實現了，我永遠都得感謝蘇格蘭皇家學院第一百一十七次展覽。

● 蘇格蘭皇家學院旁的演說者

舊日情懷　Nostalgic Sensation

　　1944年五月初的一個早上，我神智清明地躺在愛丁堡一家小旅館床上，翻看一本莎士比亞的小書。莎士比亞的書不好讀，可下面幾行卻清楚明白：

雛菊多彩，紫羅蘭蔚藍，

酢醬草全泛著銀白，

杜鵑花苞帶著黃色調，

草地給妝點得繽紛熱鬧：

布穀鳥於是在每棵樹上

唱著，布穀布穀。

這讓我想到羅伯・彭斯的詩句：

你我再普通不過的朋友，

大自然送給所有人的免費禮物。

　　我為什麼還躺在床上？我雖一躍而起，打算立即出門，可又不確定該上哪兒？我想去個跟以往不太一樣的地方。現在的心情不適合造訪歷史古蹟。最後，我決定，上皇家植物園逛逛，雖然那兒我早去過了。

　　植物園座落的位置很好，由市中心過去非常方便。我出門的時候，雨已經停了。我搭電車到漢諾瓦街，再換電車到植物園。想起了以往最常去的地方，我首先朝岩石園走去。在那兒，一大叢一大叢的各種石楠花正含苞待放。一年前我就見過這片華美的紫色地毯，並為繁多的種類感到不可思議，其中有些還來自美國。蘇格蘭人一向以石楠花為傲，難怪植物園裡會有這麼一大片花海。他們心目中真正的石楠花稱為Ling，沿莖長著一圈圈葉子，一直到頂上，托著一簇鈴鐺似的小花。對於我國的石楠花我不怎麼有印象。在中國，有一種植物發音為Ling，但卻不是石楠。說來有趣，中國和英國相隔遙遠，況且，中文是單音節，英文是多音節，卻不約而同為一種本土植物取了同樣的名字。在我聽來，Ling較像中文，不像英文。我還覺得奇怪，那花怎麼就成了石楠的一種了？可能植物學者能解釋，或許也跟地方傳說有關。

我聽說，石楠花蜜製成的蜂蜜品質最好。不只因爲蜜蜂可以輕易進入鈴鐺似的石楠花裡，還因爲石楠花蜜色澤豐潤，滋味獨特。蘇格蘭擁有大片石楠，也生產大量高品質的蜂蜜。藉由我的書，我自蘇格蘭朋友處，換來了許多美妙蜂蜜當作禮物。

如今我來到另一個時常到訪的地方，小湖。我站在湖畔，看著右手邊一群松樹，那黑的樹幹、彎曲的枝子、密密麻麻深藍色的松針，占據了整個視野。松樹前長了各種高度不一、深綠淺綠的樹，有如斜坡。長長細細的枝子有些開了花，直接垂進水裡。附近漂了艘平底船。離我站的地方不遠處，長了一大片蓮花葉和花苞，除此之外，平靜水面上只偶而冒出幾根蘆葦。水上無風，我可以見到一、兩隻藍蜻蜓棲息在蘆葦頂端。我左邊是一叢盛開的矮杜鵑，布滿了五、六朵一串艷紅的花。許多美麗的杜鵑品種來自我的祖國，想到這花，我就想到中國；猶如想到石楠花，我就想到蘇格蘭。看到它們盛開的模樣，總讓我開心不已。那艷紅恰如其分地妝點於四周不同的色系間。杜鵑後面不遠，仍然位於水邊上的，是一株高高有著翠綠葉子的樹，旁邊一株樹上，黃綠色的葉子才正抽出芽。最迷人的是一棵垂柳，細長的黃枝子四面垂下，像是絲做的穗子。除了皇后，誰有資格坐在這怡人的傘下？柳樹根四周，稍微順著水邊上，長著大片類似大黃的葉子，

● 在皇家植物園的小池塘上追逐

既裝飾了四周景色，也使得樹上小片小片的葉子看來不那麼單調。每處景色都極協調。沒有一片葉子隨意亂顫，只在舒爽的雨後，輕柔地呼吸著空氣。葉子們一起呼吸時，湖上就出現了一層薄霧。我感覺衣服沾滿了濕氣。

兩隻小鳥圍繞柳樹振翅，絲毫不理會快速朝牠們游來的一對鴨子。那對鴨子裡，一隻頭部四周長了圈亮綠羽毛，一隻毛色褐黑。牠們輕輕掠過湖面而來，並排往前滑行，偶而打個小圈。牠們輕柔地呱呱叫，彷彿互相訴說那兒的寧靜。我摸摸口袋，找到一些麵包屑丟給牠們。起先牠們的反應，像是知道我朝牠們走近，但也許被我的動作嚇到了，毫不停頓地向前游，一口麵包屑都不啄。我又丟了一些，可牠們理也不理。我不懂，我的禮物為何絲毫不受青睞？時間這麼早，牠們不可能已經吃飽了麵包屑。不過，想到牠們稍後或許會需要那些麵包屑，我還是將手上所有一股腦兒丟了出去。出乎意料地，兩隻鴨子立刻振翅朝柳樹飛去，降落在大黃葉附近的水面上。牠們美麗的飛行姿勢，和輕輕掠過水面的模樣，引起我極大的興趣。我慢慢走向大黃葉子，想多看看牠們。可等我靠近一棵還沒冒出葉子的大樹時，兩隻鴨子一定看到了我，牠們再次振翅，朝著先前的來處飛去，並降落在一艘小平底船上。一分鐘後，消失在後方濃密的樹叢裡。牠們不

友善的態度讓我很受挫，但慢慢地我了解，我肯定誤會牠們了。牠們一定正在戀愛，不需要食物，不想引起注意。我太自私，想要吸引牠們的注意。牠們一定互相耳語道：「人類眞蠢。這人就是不讓我們清靜！」我想，該是繼續往前走的時候了。我心裡浮現了一首詩：

春水凝新碧，春心水上浮。
輕盈雙瑞鴨，也解說溫柔。

我仔細看了我近處一棵樹上的解說牌，上面寫著「懸鈴木」。我不敢說這植物來自中國，可我肯定，我的祖國有許多這種樹。它的嫩葉與無花果樹葉非常類似，也就是美國人說的梧桐。那樹看來有點類似中國的梧桐，梧桐子可以提煉成著名的中國樹油。梧桐給了我們的文人許多靈感，我可以背誦許多相關詩句。

春天顯然已經光臨皇家植物園。在我這面的湖邊，見得到許多花樹和灌木，有些是杏花樹，有些是蘋果樹，絕大多數是各種各樣顏色的杜鵑。那生動的艷紅散布於大樹間，在鮮嫩黃綠樹木和暗綠草地襯托下，非常醒目。景色如此怡人，我產生一股衝動，想要跳舞，不只是慢慢地走。不過，有著深藍松針的莊嚴松樹似乎在告誡我，步伐要穩

池鴨必圖

春水凝新碧
春心水上浮
輕盈雙瑞鴨
也解說溫柔

重些。

幾隻黑鳥和知更鳥正在努力找蟲子，似乎收穫不大。我還記得與湖上鴨子打交道的經驗，所以沒有停下來看。我留意到，一對蒼頭燕雀由一叢杜鵑飛往另一叢，最後消失在一片樹林裡。我聽到許多鳥的啼聲，像在互相比賽。

如今我走過一棟位於樹林與灌木叢間的老房子，我想，裡面住的，應該是植物園管理人。我沒有走進屋子。我一個人也不認識，更不想如前一、兩次，詢問一些植物方面的問題。那房子蓋在一個小土堆上，土堆斜坡像巨大的伊莉莎白時代亮綠絲絨裙，四面伸展開來。房屋四周都用杜鵑花裝飾著。我繞到房子後面，走下斜坡。下坡時，速度飛快，感覺像滑了下去，平滑青草更加強了速度感。接著，我又從第二、第三個土堆滑下來。整個花園的表面不斷波動起伏，感覺非常有趣。

我注意到一塊至今所見過最明亮的地方，感覺上，炭火正透過樹幹放射出光芒。偶而，一束陽光會照在那上面。我加快腳步走上前去，發現那兒正盛放著大片的杜鵑。蘇格蘭土地顯然滋養了這花。我想起來，植物園裡有個杜鵑園，可那想法還不足以讓我離開這壯觀的戶外展場。遠處似乎有一層薄薄的彩色

● 莊嚴的松樹

霧氣，遮住了所有花朵，我不想太靠近，擔心會破壞那神奇效果。中國人稱此霧氣爲「花霧」。一朵開在纖細莖上，附著幾片完美葉子的花，必須仔細欣賞，才能領略其美；可當一大片盛開的花，由豐厚的暗綠樹叢托襯著時，就該像我現在這樣，半闔著眼，好徹底欣賞那艷麗色彩。

我在植物園裡也看到了幾棵開著花的木蘭樹，還有一、兩株即將開花的紫藤。

剛開始我還覺得，從沒見過如此盛放的杜鵑。接著我就想到，我其實見過，只是當時環境完全不同。剛卸下家鄉九江縣長職務時，我在廬山上東林寺附近小屋度假。那時大約爲四、五月，山上非常冷，遊客不多。我遇到了一位原本就認識的年輕女士，並決定，一起到黑龍潭，即位於壯觀瀑布下方的天然湖遊覽一天。廬山一向以岩石與瀑布聞名，自西元四世紀開始，我國偉大的詩人、藝術家就不斷用詩作及繪畫歌詠山景。山上到處是天然池水，其中黑龍潭、白龍潭、黃龍潭風景最佳。在我心中，美不勝收的黑龍潭更是其中翹楚。我朋友準備了一籃食物，由我提著出發。在我縣長任內，有僕從無微不至地隨侍著，現在這小小負擔，對我而言，倒是相當新鮮有趣。我們避開牯嶺街，那街已離海平面兩千呎，另外沿著條步道往上走。我們碰上

幾處岩石，必須以手腳攀爬，可大致而言都不困難。步道大多路況不錯，有些還鋪了石頭，畢竟那是一般旅客由北到南最常走的通道。九江縣位於北邊，省會就在楊子江附近。南邊是星子縣。可以由那兒沿著中國五大湖之一的鄱陽湖上別處去，也可以越過廬山，到達九江，順著長江出去。那步道歷史悠久。夏天裡，山兩邊的遊客喜歡走在步道上，欣賞沿途優美景色。有些人只消一天，就可以由山的一邊走到另一邊；有些人需要兩天，中間在牯嶺找個小旅店住一晚。我們並不完全沿著步道，隨意慢慢地走，偶而停下來休息休息。我們不怎麼說話，因為沒有太多話可說。飛鳥大聲啾啾叫著掠過，花兒似乎在我們經過時，好奇地看著我們。我們一直邁著同樣步伐，到了接近目的地不遠處一塊下坡地時，才忽然停下，開心又意外地瞪著坡地，上頭開滿大片紅色、粉色、黃色的野杜鵑。終於，我的朋友移動了腳步，不是往前，而是往後，找了塊高高的岩石，坐了下來。我尾隨她坐下，我們背後是兩棵高大、彎曲的松樹。幾分鐘後，忽然下了陣雨，松樹寬大的枝椏正好成為我們的屏障。我們坐在那兒，看著花兒沐浴在雨中，並吐出彩色薄霧。由於雨勢不大，每朵花似乎都在歡迎那雨，有些花還偏了偏頭，好迎接雨。雨停後，我們仍然坐在那兒，完全忘了時間。我的朋友做了首短詩，我也一樣。我們各自將詩念給對方聽，

雖然用字遣詞不同，我發現，兩首詩的意境卻非常雷同。最後，還沒到黑龍潭，我們就回家了，而我，連籃子都忘了。當我望著愛丁堡的杜鵑時，那快樂的一天又回到了我心中。

過去有段日子，我習慣寫情詩。詩裡，花朵總是詩作裡不變的背景。下面五首詩分別提到五種花：玉蘭、山茶、杜鵑、紫藤和石楠花。除了第一種花，所有花都能在植物園裡見到。

〈嫉妒〉

一樹瓊瑤著意看，酸心未許怯春寒。

倩郎挽起雙羅袖，儂腕何如白玉蘭。

〈溫柔〉

春衫襯出好腰肢，斜倚窗前理鬢絲。

插上山茶紅一點，笑郎背立可多時。

〈愛情〉

阿郎如醉哂儂嬌，攜手尋春春色饒。

不是杜鵑花似火，祇緣情愛兩心燒。

〈等待〉

習習輕風薄薄紗，柳眉不展玉身斜。

一束情絲千萬曲，含嗔細數紫藤花。

〈春天〉

輕裝淺步入園來，一脈情思撒不開。

偷向石楠花後立，花容人面費郎猜。

　　在中國，我們喜歡以花朵象徵女子。我曾想寫一本詩集，裡面都是類似上述的這些短詩，涵蓋我國所有著名的花朵。可我一直沒寫成，畢竟，中國花卉種類太多，沒法以適切情緒表達每一種花。

　　如今，英倫三島花園裡盛開的花朵，大多來自國外，其中許多是費了很大的勁，由中國蒐尋來的。我相信，愛丁堡植物園一定與中國的植物採集密切相關。好比，佛可克（*Falkirk*）的喬治·佛瑞思特

一樹瓊瑤著意看，酸心未許怯春寒。
情郎挽起雙羅袖，儂腕伊如白玉蘭。

春衫襯出好腰肢，斜倚窗前理鬢絲。
插上山茶紅一朵，[……]覷笑郎背。

阿郎如醉哂儂嬌，[……]立可多是杜鵑花似火，[……]愛兩心燒。

習習輕風薄薄紗，柳眉不展玉身斜。
一束情絲千萬曲，含嗔細數紫藤花。

輕裝淺步入園來，一脈情思撒不開。
偷向石楠花後立，花容人面費郎猜。

情詩絕句五首

（George Forrest）在皇家植物園工作了一段時間後，數次受派前往中國採集植物，也帶回許多新品種，這也許解釋了皇家植物園為何會有如此多彩多姿的石楠花和杜鵑。佛瑞思特大多時間待在雲南，從未去過我的家鄉九江。在花卉採集者之中，查爾斯·曼恩斯（Charles Manes）是極少數上過廬山的人。我不是植物學家，對中國花卉的分布情形所知不多，不過，我知道，湖北的花卉豐饒，許多西方花卉採集者經常上那兒尋寶。九江非常接近湖北，一般人或以為，廬山上的植物都已能在湖北採集到。我不這麼認為，我希望，九江植物能夠早日妝點著世界各處的花園！我必須承認，有時候，藉著科學研究與方法，石楠與杜鵑在國外開放的盛況，還遠超過原產地。

天空開始下雨，我繼續往前走。在一間房子附近，我留意到一種植物標示著鳶尾蘭，聽來像鳥名。我慢慢地逛，發現許多來自中國的植物：毛葉繡線菊、天藍韭、單葉鐵線蓮、糙葉五加、紫彩繡球。我不打算一一寫下那些植物名，除了植物學家和園藝學家，不會有人對那些名字感興趣。不過，我必須說說一株非常有趣的小植物：強壯的莖，兩、三個小枝子，每個枝子上幾片大葉子，藝術化地間隔開來。那標籤寫著厚樸，出產地為中國西部。我從未見過這種木蘭，於是畫了幅小小的素描。

我走出植物園時，雨忽然停了。我向英維列公園（*Inverleith Public Park*）走去。一回頭，看到了一道彩虹，好像離我非常近。公園面積雖大，彩虹卻由公園一端橫跨過另一段。然後彩虹的位置變了，一端消失在一叢樹的後面，一端消失在公園裡。感覺上，有個躲在樹裡的人正操縱著機器，控制著彩虹的移動。一些海鷗四處飛舞，有時似乎還飛進了彩虹裡。然後我見到公園尾端的彩虹裡面有三位穿著彩色袍子的人。我朝他們走去，可等我快接近時，他們卻和彩虹一起消失了。

離開公園前，我饒有興味地看著一個沙岩紀念碑。紀念碑一邊是個淺浮雕人像，下面一行字「約翰·查爾斯·登勒普，卒於1899年二月四日。」我覺得，這種不流俗的紀念碑有種獨特美感，較之許多堂皇紀念碑，更能贏得我的好感。

最後我繞過小池塘，兩個小孩正在那兒餵一對天鵝。他們剛剛丟出了最後的一點麵包屑，天鵝於是轉身向我。我想起了稍早丟出的麵包屑和鴨子，我不懂，天鵝為何不似鴨子，轉身飛走？也許牠們談情說愛告一段落，關切起了生活中的現實面。這時，我想到，我也需要吃點東西了。

● 厚樸

冬日奇想　Wintry Fascination

「又下雨了？」

「啊，今天對你而言不是個好日子。」

昨天、前天、大前天、大大前天，我得到的都是同樣答案。我已當那話為每日例行的問候語，聽完了，照常出門。我搭電車進城，在戶籍登記所對面下車，即使對愛丁堡了解有限，我也知道，無論晴雨，準能在那兒發現一些人，張望著路上來往的交通與行人。當然，下大雨時，他們是不會站在那的，這麼一來，他們倒成了我的晴雨表。只要有人站在那兒張望，大雨必會暫時歇歇，好幾次，我發現那是挺精準的指南。許多愛丁堡人似乎從不當小雨為一回事，那些戶籍登記所外面的人尤其如此。在英國其他地方，我一直為自己滿不在乎雨水的態度，自覺很了不起。因此在這總是充滿興味地看著這些同類，也多少熟悉了其中的一些面孔。昨天我留意到，一定有一群人說了個笑話，因為幾個靠在威靈頓爵士

● 戶籍登記所

雕像基座上的人，全都笑得前俯後仰。三個站在壁鐘旁的人急忙趕過去，加入那群大笑不止的人。那畫面看來非常有趣。我想不通，這些人怎麼就日復一日地站在那兒呢？也許他們和戶籍登記所有些關係。在我看來，他們是典型的愛丁堡人，我很高興自己留意到了他們。

我穿過馬路，加入一小群人，看著進進出出北英國車站旅館的人流，以及上下衛佛利車站長長階梯的人潮。許多人也許覺得，上下這些陡峭階梯相當累人，特別是雨後路面濕滑的時候，可是愛丁堡年輕人卻視為一大樂事。我常常見到男孩在那兒衝上衝下。有一回，我由格拉斯哥回愛丁堡，正隨著其他旅客走上階梯，一名男孩，顯然急著送電報，全速衝下了樓梯。當時下著大雨，地面濕漉漉，他衝過一處樓梯平台時，滑了一跤，整個人摔到地上，兩腿高高翹起，差點打到一位正往上走的老太太。她扶著牆壁，那厚靴子只差一寸就敲上她了。她轉身向男孩，問他是否受了傷？「嗯，還好。」他邊說邊站起來，話才說完，人又衝走了，不到一秒，就消失得無影無蹤。一些路過行人朝著老太太微笑，而後者，自然不知道男孩在忙些什麼。

雨還下個不停。出門時，我心中沒有明顯目標，可我記得前一晚曾想清楚地看看一塊地方，我順著雷瑟街往下走，找到了想去的那地方。這時我了解，我心中揮之不去的正是攝政橋（*Regent Bridge*）。這

橋跨越的不是河流，不是山谷，而是下方遠處的一段路。它只有個窄窄的橋拱。我想著，早在愛丁堡有人煙以前，這段路面的裂隙是怎麼形成的。我從不覺得，懷想遠古之事會浪費自己的時間。只要想到人類的成就、土地的變遷，我就覺得不可思議。許多人感嘆，現代社會變得太快，其他人抱怨，社會變得還不夠快。站在橋上，我不禁懷疑，眼前景色也會有改變的一天嗎？我不知道這橋多老了，可我右手邊飽經風霜的弧形建築立面看來卻非常的老。它也許算不上歷史名勝，也許不如舊城區的狹小巷弄年代久遠，地理位置也許不如皇家哩大道，可是，在我看來，卻是典型的愛丁堡建築。爲了順應路面弧線，牆面蓋成弧形，一樓的門也蓋成不同高度，好配合路面坡度。那是一家旅館，可旅館名字年久褪色，無法辨認。我見過圓形牆面的建築，弧形牆面倒是第一次見到。電力發明前，房間裡一定非常陰暗，每逢下大雨，住在下層的人一定會強烈感受到那濕氣。難怪下層是會客室，一定總有人在那兒，而且永遠都會有人在那兒。

經過橋下時，我見到由郵政總局出來的幾輛郵務車。我記得，前一晚往那兒時，我看到裡面漆黑一片。人們變魔術似地，由橋下的路面走出來，走進橋下的人則完全消失不見了。羅斯金（*Ruskin*）說，「最簡單的建築就是最偉大的建築」。那正是這地方給我的印象。

● 夜晚從雷瑟街看到的攝政橋

我在心裡跟自己辯論，該上卡爾頓丘欣賞細雨中的愛丁堡？還是該搭電車去波多貝羅（Portobello）？我還沒決定，就讓個男孩嚇了一跳。他問我，是否迷路了？需要幫忙嗎？我不加思索地答道「不用，謝謝。」男孩跑過馬路，消失在車站旅館外的人潮裡。我希望自己能記住他所用的明確字眼。我想到曾在愛丁堡晚報上讀到的一段對話。

> 男孩：今天下午我站在郵局外，有人給了我兩便士，要我告訴他大
> 　　　街的方向；後來又有人給了我兩便士，因為他想知道梅特蘭
> 　　　街的方向。
> 好友：你運氣真好。
> 男孩：才不呢。第二個人該給我四便士，因為那距離有兩倍遠。

　　剛才問我問題的男孩，肯定覺得自己很倒霉！

　　由東邊颳起了陣陣強風。風颳得太強，站在戶籍登記所前的人似乎全抖了起來。我不知道自己是否還該上卡爾頓丘，同時想到，我恐怕根本沒法在波多貝羅的臺地上站穩。不過，我還是不顧一切，逆著風向前走。進了舊卡爾頓墳場後，我見到許多墳墓都有石牆護著，和中國的墳墓差別不大，只不過更小而緊實了一些。我留意到大衛‧休姆

（*David Hume*）的墓，也看到亞伯拉罕‧林肯紀念碑，顯然都是大戰期間美國軍人經常憑弔的地點。我繼續往前走，到了聖安德魯大樓，那是棟蓋得很好的現代建築，離群獨立，裡面設了許多政府部門。對面是皇家高中，我經過很多次了，從未見過裡面有人。進去看看似乎不可能，我決定不跨過馬路，反而走上一條小徑，通向一片綠地，我想那應該是公園。到達一扇小鐵門後，我跨過去，走進新卡爾頓墳場。在這兒，我發現了《拉布與他的朋友們》（*Rab and his Friends*）的作者約翰‧布朗（*John Brown*）之墓，還有其他愛丁堡傑出人士的墳墓。

雨下得更急了，我沒有多做停留，順著來時路走了回去。當時是上坡，我仰頭朝天，慢慢地走。意外的是，竟然見到羅伯‧彭斯紀念碑。它莊嚴地在我跟前高高豎立，我停下來，不敢置信地看著。我很驚訝，以前來愛丁堡時，居然沒留意到這特別的紀念碑。說來奇怪，這兒只有這麼個紀念碑，愛丁堡其他地方卻有許多醒目的紀念碑。我一直覺得，愛丁堡屬於瓦特‧司各特（*Walter Scott*；註1）爵士，因為無論上城裡哪個地方，都避不開他巨大的紀念碑。隨著氣候與季節不斷更替，城堡丘、亞瑟王寶座、卡爾頓丘和其他地標，都以不同面貌出現在我心中，從未重複。可是，瓦特‧司各特爵士紀念碑卻永遠一成不變。無論身在愛丁堡之外，或位於王子街上，我都可以清清楚楚

地見到。那紀念碑告訴我，司各特絕對是蘇格蘭的偉人，否則，就是在警告我，別想唱反調。我沒法深入談這題目，畢竟，我對這偉大蘇格蘭人所知不多。即使我很了解他，我也沒有跟蘇格蘭人討論他的資格。不過，如果我跟蘇格蘭人說，早在我認得英文前，就讀了許多蘇格蘭小說的中譯本，肯定會逗得他們很開心。如今站在羅伯·彭斯紀念碑前，我將之和司各特的紀念碑做了個比較。如同我前面提過的，後者顯示出司各特是個偉人，因為他對蘇格蘭和蘇格蘭人貢獻良多。彭斯紀念碑在我心裡引起了不同感觸。由地面看過去，它簡單又不張揚，在愛丁堡許許多多醒目的地標中，很容易就讓人給遺忘了。我沒法進入圍牆，沒法仔細看清上面的雕刻，辨認上面是否有彭斯的人像。可當我由地勢較低的新卡爾頓墳場抬頭看時，它卻呈現了不可思議的美麗與寧靜。也許就該這麼看。彭斯的偉大絕非表象和理智所能解釋，那偉大存在蘇格蘭人的心中。蘇格蘭人共享司各特的成就，於他們，彭斯則親如家人。

　　雨下得更大了。兩棵小樹各自立於步道兩旁，緊挨著紀念碑，使後者似乎籠罩在愛丁堡早春的陰鬱中。這天是1944年三月三日。我一直沒機會見到愛丁堡的冬天，不過，這時節也很有冬天的感覺。兩棵小樹的葉子雖然還沒冒出來，枝椏卻在強風裡不住地搖頭晃腦。烏雲過

後，彭斯紀念碑的輪廓在灰色天空襯托下，更清楚地顯現了出來。雖然無法明確見到白雲移動，或樹皮內樹木的生長，我感覺，四周的一切全都是活的。即使紀念碑也不再只是紀念碑，而成了羅伯·彭斯，莊嚴地站在那兒，立於蘇格蘭的首都之上。只有他能閱讀並詮釋寫在它上面的文字。

忽然，一群小鳥飛過樹稍，飛向紀念碑。有些繞碑飛行，有些似乎趺入彭斯懷裡，消失不見。大自然向我揭示了最美好的友誼！我也得到靈感，準備畫一幅絕佳圖畫：灰色天空、彭斯紀念碑輪廓、小鳥灰濛濛的身體、樹木黑色的樹幹和枝椏；四種不同色調，互相調合一起。這和諧的冬天景色，正是我喜愛的圖畫。

也許因為中國人以單色作畫，我對冬天一向有特殊偏好。我喜歡的其實不是那季節，而是我在那季節裡特別敏銳的感官。春天讓人昏昏沉沉，夏天讓人四肢無力，秋天讓人精神一振，冬天則讓人頭腦清醒。只有在冬天，我們才見得到自然如同生命般所具有的雙重面貌。很多人討厭冬天，並在可能時，「跟著陽光走」，好躲掉酷寒的折磨。可這只是逃避現實，明亮的春天到來時，還會錯過。冬天，我們聽到鳥兒覓食的聲音，我們見到一些同儕工作時瑟瑟發抖，我們見到光禿禿的樹木和空蕩蕩的景觀。而且，冬天燃起了我們對未來的期

盼。我總深爲冬天的寧靜所吸引。

我國唐宋時期的偉大畫家畫了許多冬景。不過，也許我們有些建築的顏色和冬天不太相襯，我們的畫家很少以城市爲繪畫題材。冬天的愛丁堡建築有一股寧靜，讓我分外著迷。羅伯・彭斯寫道，「冬天將心靈提昇至崇高境界，有助於所有偉大與高貴的行爲。在這世上，幾乎沒有任何事物讓我感受更多——我不確定是否該說樂趣——可它提昇了我——帶給我極大喜樂——只要走在陰鬱冬天的林蔭中、原野間，聽著狂風在樹木間嚎叫，在原野間咆哮。」我沒法再添加任何文字。此時此刻，彭斯應與我同在——他是與我同在，他正立在我面前的石碑裡。

我更深刻地想著彭斯。著名權威已就彭斯寫過浩如煙海的書籍與文章，我實在沒資格書寫關於他的論文。即使蠢到寫了開頭，我也絕對寫不出結尾。可我開始懷疑他的國籍了。顯然沒有作家提出過這問題，蘇格蘭人絕對不會這樣問。不久前我讀到，中國的聖人孔子是波斯人，而另一位偉大的中國哲學家墨子（著作直至十年前才開始出現譯本）是德國人。提出前述看法的作者，仔細研究了中國民族，並以孔子和墨子爲例，蒐集了許多證據，支持他的論點。那些夸夸而談的論點，聽來不像真的。最近我才讀過詹姆士・巴瑞（*James Barrie*）爵士

寫的《莎士比亞傳奇》，爵士之妻在文中堅定地向他表示，莎士比亞為來自莊里峽谷（*Glen Drumly*）的蘇格蘭人。既然如此，為什麼我不能說羅伯‧彭斯是中國人呢？況且，我還引用了下面這首詩歌，該詩出自二千五百年前的《詩經》。

靜女其姝，俟我於城隅。愛而不見，搔首踟躕。

靜女其孌，貽我彤管。彤管有煒，說懌女美。

自牧歸荑，洵美且異。匪女之為美，美人之貽。

顯然，這首詩與彭斯所做的詩歌間只有一點不同：語言。也許，彭斯自小來到蘇格蘭，因此能夠自如地運用當地方言，表達內心深處的感覺和情緒。也許，他還在襁褓時，就由名為彭斯的蘇格蘭傳教士帶回這兒，而且，始終不知道自己的身世，畢竟當時中國還是異教徒國家，跟蘇格蘭沒什麼來往。

我不想開啓爭端，也不想自以為是基督教權威，不過，依我看，羅伯‧彭斯的生活與思想較接近儒家，而非基督教。在一封給「可拉琳達」（*Clarinda*）的信中，彭斯寫道：「我堅信，正直、誠實的人，無論宗教背景，一定都可以為神所接納。」這話裡「正直、誠實的人」

右詩經之一章

靜女其姝，俟我於城隅。愛而不見，搔首踟躕。靜女其孌，貽我彤管。彤管有煒，說懌女美。自牧歸荑，洵美且異。匪女之為美，美人之貽。

也經常出現在孔子的言談中，他最重要的教誨「仁者，人也」，正和彭斯的「人總是人，儘管那所有的一切」（A Man's a Man for a'That）如出一轍。孔子曾說：「道不遠人。人之爲道而遠人，不可以爲道。」彭斯在詩作〈人定悲嘆〉（Man was Made to Mourn）中也赤裸裸道出了人性的本質。在一些詩裡，彭斯強烈流露出對父親的敬愛，好比〈作者父親的墓誌銘〉和〈我的父親是農民〉。他並效法父親，成爲莊稼人。即使道地的中國人，在孝敬長輩時，也沒有彭斯的虔敬誠意。他那些表達自然、同伴、友情、人道的歌謠，可說幾乎完全節錄自《論語》。

只不過，彭斯所處的，並非蘇格蘭的承平時期。那時，「四五年戰爭」（Forty-five）剛發生不久，百姓生活艱難困苦。很難想像那些日子裡物資匱乏的情形，不過，還好有彭斯，我們多少體會了當時人們的生活狀況。唐朝詩人杜甫也生活在安史之亂後的動盪時代，見到了百姓的困苦，經歷了許多的苦難。他的詩作表達了對窮人的同情，和對富人的反感。下面兩句詩正可以總結杜甫的思想：

朱門酒肉臭，路有凍死骨。

彭斯類似的思想也表達在下列文字裡：「上帝知道，我非聖人，但我若是（我想我已盡力朝這方向努力），我會抹去所有人眼中的淚水。」彭斯不是個快樂的人。他太關切人類的不幸，快樂不起來。不過，沒有真正經歷過人生的兩面，不可能成為真正的詩人。彭斯如果留在中國，恐怕出不了名，我們已有太多詩人和思想家，以不同形式，傳達了他的觀點，雖然，沒人真正抹去所有的淚水。彭斯很幸運，住在蘇格蘭，即使沒有如自己所願，抹去很多人的淚水，他卻激勵了蘇格蘭人，珍惜自己的淚水。

　　一天，我向一名住牛津的蘇格蘭朋友道出我對彭斯國籍的想法。他立刻警告我，如果宣稱彭斯是中國人，我待在蘇格蘭時，恐怕隨時都得防備蘇格蘭刀劍由我房間的窗子射進來。我笑著說，那我就要成為世上第一個儒家烈士了！我不懂，蘇格蘭人為何如此自私，將彭斯霸為己有，而彭斯還總是以他人禍福為己念。畢竟，他只是血肉之軀，他的歡樂、嚴謹、幽默、哀傷，其他人都得以體會，每個人都覺得，彭斯是自己的知己。有一天，我剛好讀到麥金塔牧師寫的《彭斯在德國》，麥金塔是愛丁堡「彭斯九十俱樂部」的榮譽會員。作者本身是蘇格蘭人，自然不會將彭斯歸為德國人，可他的書也許會讓許多德國人覺得，他是德國人。如同孔子、但丁、莎士比亞、歌德、托爾斯泰

● 羅伯·彭斯穿著中式長袍

和許許多多其他的人，彭斯是世界人。我在其他的書裡已多次提到，我希望所有國名都能廢除，所有國界都得以消失，只留下地方名稱。如果這想法真的實現，我自然不用擔心彭斯的國籍，也不用擔心有人朝我丟蘇格蘭刀劍了！

　　在這風雨中的冬日，我望著彭斯紀念碑，參透了「誠摯、開放、赤裸裸的真理」，那彭斯深愛的冬日景色。

註：

1. 瓦特・司各特（Walter Scott，1771–1832），蘇格蘭籍的小說家及詩人，以歷史小說著名，情節浪漫複雜，語言流暢生動。一生留有三十多部歷史小說巨著，其中以《撒克遜英雄傳》（Ivanhoe）最膾炙人口。

● 暴雨中的彭斯紀念碑

美好回憶　Friendly Recollections

　　我在愛丁堡許多的美好回憶，得歸功於已故的希特利（*D. P. Heatley*），他為佛勒登的葛瑞爵士（*Lord Grey of Falloden*）寫了名為《政治家》（*Politicus*）的傳記，並曾於愛丁堡大學擔任政治社會學講師。我在1937年於西岸阿蓋爾郡克瑞南（*Crinan*）附近的艾林瑞島上，第一次遇到希特利先生。已故的莊士敦爵士當時不僅是他的學生，也是我們的主人。我第一次去愛丁堡時，並沒見到他，可接下來幾次，我們倒是開心地談了許多話。他介紹了幾位朋友給我，並總是極有禮貌地待我。

　　我在愛丁堡見到他時，他肯定已經在當地待很久了，他常常告訴我五十年前的舊事。他非常客氣，無論我們身在擁擠的街上，或面對著旋轉門，他總堅持由我走在前面。他喜歡面帶微笑地說，既然我在他的家鄉，他就該善盡照顧我的責任。我早已養成尊敬長者的習慣，因此我本能的舉止常違反他意願，有時自己都會覺得不好意思。還好，愛丁堡電車車掌都很小心、很客氣，我們都能不慌不忙地輕鬆來去。

我所知的城市中，唯有愛丁堡的巴士和電車不會在路人面前橫行霸道。我想，也唯有愛丁堡路上的行人不會匆忙來去。我雖然答應希特利先生，要將這城市的印象記錄下來，很不幸，他卻早一步離世了。如果沒有正確記錄下我們的談話和足跡，我希望，他能夠原諒我！

我們首先造訪的地方是詹姆·希恩（James Thin）書店。希特利先生希望我見見希恩先生，他覺得那書店跟牛津的布列威爾（Blackwell）一般著名。其實我前一天才去過那兒，還買了本威廉·莫爾·布萊斯（William Moir Bryce）的《荷利羅德》（Holyrood），只不過希恩先生當時不在店裡。如今他在辦公室內殷勤接待我們。希恩（Thin；編注：意為瘦）先生名不符實，有張笑咪咪的圓臉，顯然是個開朗的人。他聽到希特利先生說我見過牛津的布列威爾先生，便表示他去過布列威爾先生位於伯克郡（Berkshire）的鄉間別墅一次，見過伯克郡高原的景色。「那兒真漂亮，」他繼續說道，「可你知道我的意思……」這兩位恩人都幫我賣了不少書，我可不能在他們之間挑起任何事端。

我們談到（我不記得是怎麼開始的）英國湖區，我心想，希恩先生或許會接著說說蘇格蘭的湖泊，可他沒有。他說他在湖區度過一、兩次假，也讀過我寫的《湖區畫記》。他表示，曾想按著我的圖畫辨認一些景色，但卻無法如願。希特利先生說，也許他看那些景色時角度

不同。希恩先生表示，確實如此，並希望我能將蘇格蘭的景色描繪、書寫下來。說到景色，我不禁想起威廉・葛蘭（*William Grant*）在《蘇格蘭奇聞逸事》（*Scottish Anecdotes and Tales*）上寫的一則故事：

一名小佃農，有一頭牛，住在北邊小山腳下，總沒有足夠的草料給牛吃。這老實人無計可施，只好將牛拴到山頂上，在那兒，除了石楠花，就沒什麼可吃的。一個鄰居見了這情況說道，「你的牛在山上什麼都沒得吃。」佃農冷淡地回道，「她沒什麼吃的，但她有風景看。」

我沒有逐字複述原故事，而且雖然故事和我們聊的話題沒什麼關聯，我們仍然笑得很開心。希恩先生甚至以當地方言為我重複了故事中人的對話。

接著我到希恩先生書店對面的南橋，參觀老舊的大學建築。建築以灰色石頭蓋成，使得廣場看來陰鬱，不像牛津的學院，都是以哈廷頓（*Headington*）石灰石蓋成，看來友善得多。希特利先生指出他教書的大樓，還有莊士敦先生五十年前上課的地方。接著我們進入大學圖書館。圖書館員帶著我們參觀，並照例道歉說，大多數貴重物品，都因

戰爭而存放他處了。稍後我們上樓，參觀了比例完美均衡的大學廳。我聽說，那兒是大學教職員開會的地方，而多年來，希特利先生一直是那兒的教員。我們逐一沿著書架前進，並留意到一張橢圓形桌上的雪茄燒痕。這桌子原屬於拿破崙，據說，他有一回心情不好，便燒出了這麼個痕跡。我還在回味這故事，卻聽到希特利先生問圖書館員，這桌子是怎麼到大學來的？圖書館員表示不清楚。這證明了，歷史上的名人可以成就偉大的事件，可是事件卻無法使一個人偉大。

下層書架中，有一片滿滿是中文書籍，都是很久以前一位自中國回來的蘇格蘭傳教士捐贈的。圖書館員為書皮上的灰塵表達歉意，並說，這些書很少人借閱。「中文一定很難。愛丁堡只有一個人能輕鬆地閱讀，在這兒念書的中國朋友，從沒來借過書。」他說，我同意，較之多數語言，中文也許要難一些，但是，如果願意花下大量時間，像我們中國人學英文般，應該還是可以學得好的。西方人多是出於需要，而非自幼開始學習中文。至於這些書，我在其他圖書館也見過，雖非雷同，卻也類似。我很高興見到那些書，但不覺得它們值得上架。圖書館大多沒有足夠經費購買該有的好書，所以，除非剛好有人贈書，怎麼可能期望館內擁有優良的中文讀物？

中國學生也許用不上愛丁堡大學圖書館的書，因此不願浪費時間

讀那些書，但那並不表示，他們不能讀中文。圖書館員表示同意，但也指出，一些來這兒讀書的星馬華裔年輕人曾向他坦承，不會讀也不會寫中文。我想，許多生於美國的年輕華人，情況也是一樣。他們在學校裡說英文，也許從沒機會學中文。我說，「做個現代人不容易，學習母語是一輩子的事，可如今我們必須學習多種語言，以及他國文化。由於現代科技和二次大戰，世界不同地方人的距離拉近了，可是，人的生活卻因接踵而至的責任而變糟了。我們得學習不同的語言，否則彼此沒法溝通。有人建議使用一種世界語，並要求每個人學會說和寫，但是誰敢真的同意這提議？這麼做的人肯定會讓人覺得不愛國。我的理智不允許我說，我不想了解其他人，可我真的很怕作個現代人，我不知道該怎麼學好俄語，或印度斯坦語，甚至蘇格蘭蓋爾語！」

離開圖書館前，我告訴我的同伴，有好幾個由愛丁堡大學出來的人，後來在中國政府任職，其中最著名的是大學者辜鴻銘，他也將《中庸》譯為英文。他在北大教書時，還有許多關於他的軼事四處流傳。我同時告訴他們，中國教育部特別成立了一個部門，全部由學者組成，準備將全套《大英百科全書》翻譯成中文。

在這兒，我必須再次謝謝那位圖書館的館員，他好心地帶著我們四

處參觀。

「很榮幸能夠見到『啞行者』。」蘇格蘭國家圖書館的密克爾（Mei-
kle）博士進入辦公室與我握手時說。經由希特利先生的安排，我們前
來拜訪他。他的工作份量顯然不輕，但他活潑、友善、笑容滿面的臉
上卻絲毫不顯倦怠。我在許多蘇格蘭人臉上見過同樣愉快的表情，那
讓我印象非常深刻。有人說，那源于蘇格蘭舒爽的氣候。可我想，要
有張愉快的臉，一定得先有個愉快的心。密克爾博士解釋說，由於戰
爭，人手不足，圖書館裡只有八個人執行所有工作。接著他說，雖然
通信多年，他從未有幸見到牛津伯德雷恩（Bodleian）圖書館的館長紀
卜生（Strickland Gibson）先生。他認為，既然我住牛津，一定見過紀卜
生先生。我表示，我們的確是好朋友。任何一位作者，無論好壞，都
難逃這兩人法眼，因為只要伯德雷恩和蘇格蘭國家圖書館提出要求，
每一本英國出版的新書都必須呈現在他們面前。密克爾博士和紀卜生
先生居然牢牢記住作者的名字，真是不可思議。

密克爾博士領著我們看了閱覽室以及一些有趣的舊書架後，帶我
們進入一間中央立著四根圓柱的廳堂。那廳不大，所有窗子都關著，
雖然有燈光照明，卻不亮，也許正因如此，那廳看來很小。在一個
長櫃檯上擺著盒子，裡面裝的也許是索引。興建四根圓柱的時候，大

衛‧休姆正擔任圖書館員。他希望隨時有書可以看，因此成為圖書館員。瓦特‧司各特爵士也一樣。有一回，包斯威爾帶約翰生博士上那兒見大衛‧休姆，由於約翰生博士不喜歡圖書館的體制，他們發生了嚴重爭論。密克爾博士解釋說，我們站的地方正是當時約翰生博士和大衛‧休姆立足之處。只不過，我們之間沒有出現任何爭論。密克爾博士與希特利先生是很熟的朋友，話題不斷，我則安分地做我的啞行者。總之，希特利不是包斯威爾，我也絕非約翰生博士。

我想起約翰生博士訪問愛丁堡時，著名律師亨利‧俄斯坎說過的妙語。他經人介紹，並與約翰生博士聊了一會兒之後，偷偷塞了一先令進包斯威爾手裡，小聲說，「謝謝你，讓我們看了英國大熊。」據說包斯威爾夫人也很具才智。有一回，拜訪過約翰生後，她說，「我常常看到人牽著熊，卻沒見過熊牽著人。」我知道，有人將俄國人比喻為熊，至於英國人，還是首次聽到。也許，約翰生博士是由俄國人歸化而來，猶如我另一章提過的，羅伯‧彭斯原是中國人。我好玩地想到，也許有人會塞一枚三便士進希特利先生手裡，並說，「謝謝你，讓我們看了中國熊貓。」

我們走入建築的另一個房間，在那兒，我見到一封模仿瑪莉女王真跡的信件。真跡已經另外擺在安全地方。密克爾博士說，「這信寫於

● 熊牽著人

佛瑟林格（*Fotheringay*），時間是1587年二月八日，距離她上斷頭臺僅六小時。可是信裡見不到害怕、軟弱。她真是個偉大的人！」信寫得很好，信中完全看不出即將發生的事，沒人能否認，瑪莉‧史都華勇氣十足。她命中註定活在動亂時代奇特的環境裡。如果與約翰‧納克斯、伊莉莎白女王互動時，她能順著自己意願，如果她沒有生個後來成為英國國王的兒子，愛丁堡給我的印象，恐怕會完全不一樣，我也不會有機會讀到這信。歷史學家只處理事實，可我沒法接受他們輕易批評歷史事件與人物的態度，特別是他們批評蘇格蘭瑪莉女王的態度。我懷疑，她真想當個女王？她或許只想做個正常、受人歡迎的普通人。密克爾博士說完話後頓了一下，希特利先生只喃喃說了些贊同的話。顯然，他們的想法與我相差甚遠。

如今我們來到瓦特‧司各特爵士的塑像前。密克爾博士說，這塑像雖由一位完全不懂雕塑的石匠完成，司各特家族卻覺得，非常神似本人。許多藝術家見過這塑像，並對塑像背後的蘇格蘭布縵深感興趣，至於塑像本身，他們反而沒什麼意見。密克爾博士笑著提到同行相妒，希特利先生和我也一起笑了起來。

我們看了一個屬於瓦特爵士的文具盒和一些其他東西，我開始覺得暈眩。密克爾博士要求一名職員挪下一個盒子，裡面是一些司各特

● 在喬治四世橋上的熊貓

的手稿。這種特殊待遇讓我受寵若驚。他要我坐下，自己慢慢看。其中有許多是司各特爲他姑姑抄寫的蘇格蘭民謠。瓦特爵士經常將書籍扉頁送給朋友當禮物，因此這盒子裡的紙頁全都是分開的。密克爾博士繼續說，「昨天，我才看了一張紙，模仿這盒子裡的手稿，幾可亂眞。」希特利先生就人的能力極限發表了些意見。我接著說，在我國，書畫仿冒已經存在幾百年了。猶如畫作，我們珍藏書法。偉大書畫家和著名人物的作品，一直都是各方索求的目標。無論何處，人性都一樣，發生在中國的事，別處也見得到。

最吸引我的是《威佛利》（Waverley）手稿的前幾頁，都是清晰仔細的手寫字體。由於我對中國書法興趣濃厚，並就這題目寫了一本挺厚的書，更由於一直在研究英文手寫字體，雖然至今成果不大，我自然非常用心地看起了這些手稿。那些蘇格蘭民謠應是司各特利用片斷開暇寫的，《威佛利》這幾頁則肯定是在毫無間斷的情況下，一口氣寫成。看著每個字母向下撇時的穩重、收筆時的謹慎，我想，他應該是個意志堅強的人。此外，手稿上找不到錯誤，察覺不到倦怠，顯出司各特的處事爲人，我希望，我這想法是對的。密克爾博士告訴我，整本小說的手稿送到印刷廠後，只發現了一處錯誤。如今的作家，有幾個人能做到這點？當今，許多作品都以口授、打字完成，顯示了現代

人不耐手寫的態度。不過，這麼一來，未來的圖書館員也許就不用擔心贋品問題了。

我記得曾經讀過，司各特是個開朗、隨和、好脾氣、愛開玩笑的年輕人。雖然瘸腿，他爬過每一座險峻高山，並遠在學會拉丁文法前，就知道了亞瑟王寶座和撒利拜瑞斷崖的每處休憩地。在參與學童打架、雪球大戰的過程裡，他認識了一堆小壞蛋，也挨了許多紮實拳頭。說來不可思議，日後他居然可以寫出一頁又一頁漂亮的字體。由童年時期判斷成年的面貌，還是行不通的。

據說，司各特是在成為愛丁堡知名律師後，才突然心血來潮，寫出了《威佛利》。那書寫到一半時，他拿給自己最信任的批評家看，得到的忠告竟是，不要拿自己的聲譽開玩笑。於是，手稿給丟進抽屜，冷凍了幾年。然後，有一天，一個朋友向他借些釣魚用具。翻找用具時，司各特看到了這捆手稿，並忍不住從頭到尾重新讀了一遍。他發現，那手稿並不似當初批評的那麼糟，於是定下心，完成全書。這是如今我們知道《威佛利》問世的過程，整件事情自然還有許多其他巧合。我自覺幸運，能有機會讀到作者手稿的前幾頁。所有讀者絕對都該謝謝那位借用魚具的朋友。不過，《威佛利》能夠問世，絕不僅只於巧合。即使沒有在抽屜裡發現手稿，司各特最終還是會寫出那書。

我們一直認為，冥冥中有股力量，決定了人類的未來。就好像，有股神祕力量，決定了大自然所有生物的命運——好比說，貓就是貓，狗就是狗。司各特註定要成為蘇格蘭的偉大作家。蓋上盒子後，我坐著稍微閉上眼睛。直到密克爾博士說話了，我才驚醒過來。他說，瓦特·司各特爵士和史帝文生（Robert Louis Stevenson）從前喜歡先在樓上大火爐前說故事，然後才將故事書寫成書。接著，他要希特利先生帶我參觀辛格尼（Signet）圖書館。對於希特利先生，我永遠是感謝不盡的。

我們照著提議，進入西南角大廳。那大廳確實不錯，漂亮屋頂上暗沉的橡木仍是未經雕琢的原木。希特利先生的另一位朋友馬坎（Malcolm）博士在辛格尼圖書館歡迎他。經過介紹後，馬坎博士指給我看上層大廳的露臺，以十七世紀的法國風格鍍上藍金。我覺得意外，外觀雖暗沉，內部卻明亮，對比非常明顯。馬坎博士帶我們看了些東西，其中一件特別引起我的興趣，是一本早期教兒童識字的入門書。書上印了簡單的字和圖畫，類似從前中國用來教小孩子的書，印了方塊字，畫了圖畫。馬坎博士說，「早年這些書一本一分錢，可如今要三十磅一本。」自然了，東西的價值隨著時間不斷增加，正如藝術家死後，作品經常就變得更值錢。

接著我們看了司各特的沙發，那是他在城堡路三十九號時用的沙

發，後來遺贈給圖書館。沒有人反對我在沙發上小坐片刻，事實上，我是受邀坐上沙發的。我想到自己在牛津皇后學院的小教堂裡，糊裡糊塗坐上牧師座椅，還被朋友阻止的往事，不禁紅了臉。聽來很蠢，可是我這輩子卻已經多次做出類似幼稚的事。不過，我覺得很高興，自己多少仍保有赤子之心。如果碰上當今世上各種無法解釋的事情時，老是嚴肅以對，不是要把自己給煩惱死了？孔子說：「好學近乎知，力行近乎仁，知恥近乎勇。」我在皇后學院教室坐上牧師座椅，如今坐上司各特的沙發，難道不是勇者的表現？只不過，勇者經常只會引來許多傲慢者的譏諷。

樓梯牆上的一些浮雕裡，既有司各特和朋友出庭的情形，也有較日常的畫面。一幅巨大畫像，畫了國會大廳內，許多人開心又焦慮的場面。一名穿著長袍的年輕人正讓人拉進大廳。可是我沒法問馬坎博士和希特利先生（他們在一幅愛丁堡舊地圖前談得正起勁）那畫面是怎麼回事？我腦子裡已經裝滿司各特，任何其他有關他的資料，都沒法裝進去了。

我記得，1933年到達倫敦沒多久，我遇見如今已故的駱克（James Stewart Lockhart）爵士，他曾擔任香港輔政司司長，威海衛行政長官。他告訴我，應該要去蘇格蘭，當然還要到愛丁堡，看看王子街上的司

各特雕像。後來，數度造訪蘇格蘭，我發現，幾乎每個我待過的地方，都看得到司各特的書，都有他生活的影子；幾乎每處風景區，若非與他有關，就與他的故事有關。我聽說，司各特之於蘇格蘭，猶如莎士比亞之於英格蘭。不過，根據我有限的經驗，我發現，在英格蘭時，可能聽不到莎士比亞，在蘇格蘭時，卻不可能聽不到司各特。司各特紀念碑確實令人印象深刻。世界各地巨大、突出的紀念碑不知凡幾，可我覺得，沒有一個像這紀念碑，讓人印象深刻，無法磨滅。事實上，每回經過，它都讓我產生一種感覺，想要低下頭，而不是仰頭看那碑頂。彷彿我正跟自己耳語道，「我已經知道你了，瓦特爵士。不用再提醒我了。」我發覺，如果想由一群英國人裡找出蘇格蘭人，最好的辦法就是提到「瓦特・司各特爵士」。會對我的話有反應的一定是蘇格蘭人。可我卻無法藉著莎士比亞分辨出英國人。其他辦法還是有的，只是這兒篇幅不夠，無法詳述。我覺得很有趣，司各特（*Scott*）的意思正是蘇格蘭人（*Scot*）。我喜歡司各特這發音，我有好幾個朋友取了這名字。

書架上全是法律的書，我看不懂。我們道別前，馬坎博士向希特利先生表示，有個朋友想見見他。一、兩分鐘後，耳尼斯・魏德本（*Ernest Wedderburn*）爵士進來，並介紹給我認識了。他告訴我，他有個

親戚住牛津，但很久沒見了。耳尼斯爵士和希特利先生聊了一陣後建議道，我該在圖書館訪客簿上簽個名。訪客簿很快拿來，可外皮仍然包著紙，耳尼斯爵士表示，那簿子剛由國王和皇后那兒回來。我們看了國王和皇后的簽名，希特利先生說，英王喬治六世的簽名和他父親的簽名非常相像。我覺得極端榮幸，簽了我的中文名字和英文名字。耳尼斯爵士面帶微笑，看我寫下中文名字。馬坎博士盯著那名字看了一會，然後說，沒人可以偽造。我們走到外面後，我向希特利先生表示，「馬坎博士是位優秀的圖書館員，整個心思都在工作上！」

　　希特利先生希望我能看看特維亞街（*Teviot Row*）的馬萬廳（*McEwan Hall*）。有天早晨，我們一起上那兒去，可一開始卻找不到入口。一名站在旁邊的老人告訴我們入口所在，可我們發現，那兒上鎖了。等我們轉身準備離開時，一位面帶微笑的人卻為我們開了門。打開電燈後，那人開始告訴我們一些有關大廳的事。那廳由威廉・馬萬先生慷慨捐贈，大約建於五十年前，在當時勞力低廉的時代，也花了大約二十萬英鎊。興建那大廳費時超過五年，如今廳裡可以容納二千人。他指向屋頂，上面畫了代表大學不同研究領域的人物。那些人物大多為女性，依我看來，無論表達什麼，西方藝術家都喜歡以女性為象徵。也許這源于希臘羅馬神話裡的九位繆司女神。

我們嚮導在大廳說的每個字都造成回音，我想，那對於聽眾與演講者恐怕都會造成不便。不過，人們保證，廳裡坐滿人時，回音自動就消失了。我想，建築師或許想過辦法，要消除那回音，也可能，那回音是有意製造出來的。

同我們說話的老人應該是大廳管理員，他顯然有很多話要說。我比較感興趣的，是他說話的方式，而不是內容，因為他的蘇格蘭腔很重，很有趣。我得承認，我並不完全能聽懂他說的，雖然他盡力想讓我了解。在這方面，他倒不似王子街商店裡的女售貨員，隨時能將蘇格蘭腔轉成英格蘭腔。無論在西區的書店或在艾略特書店，我都有過下列經驗，她們先用蘇格蘭方言測試，看我是否為亞伯丁大學或聖安德魯大學的學生，接著再以倫敦西區口音和我說話──自然了，絕非東區口音，即使我的面孔很可能讓他們躍躍欲試那兒的口音。我對各地方言了解有限，也不想在這裡吹牛，我只想說一件關於愛丁堡挺有趣的事。連英倫三島這麼小的地方，也可以聽得到這麼多方言，中國方言之多，自然沒什麼好意外的。我們的方言雖多（常常給誤會為不同語言），中文書寫字體卻只有一種。可是在蘇格蘭，有些字的發音不僅迥異於英文，連拼法也不一樣。

再說回到馬萬廳的老管理員。他態度真誠，全心投入他所說的故

事，既不像以說故事爲業的專職導遊，也不像牛津一些學院裡的老職員，還沒開口就擺出一副高人一等的表情。我想，說故事就該像這樣，蘇格蘭人擅長這事，尤以高地農民爲然。也許正因如此，蘇格蘭才出現了瓦特·司各特爵士和史帝文生這種善於說故事的人。

老管理員說，大廳裡最重大的事件當屬大學校長演講了。他接著告訴我們，彼逖伯爵（*Earl Beatty*）來愛丁堡大學接任校長職位時發生的事。一些學生在大廳兩邊，各藏了一艘連在繩子上的漂亮船隻。繩子一拉，船隻就會一起移動。等兩艘船在大廳中央撞在一起時，正好位於演講人前方，並且發出了很大的撞擊聲。看到這情形，大廳裡的人有些困惑，但爆出的巨大笑聲卻是大廳裡前所未聞的。管理員說，「可是校長絲毫不以爲忤，冷靜地繼續他的演講。」他接著說，學生們高昂的情緒是很難控制的。我不知道牛津大學校長就職時是否會發表演講。也許，愛丁堡學生沒有划船比賽這類好玩的事，只好利用校長就職演說的機會惡作劇了。

我們準備離開時，老管理員拿出訪客簽名簿，要求我簽名。他先讓我看了美籍華裔影星黃柳霜（*Anna May Wong*）的簽名。我很意外，他居然記得她戰前來愛丁堡訪問的事。

我從前來愛丁堡時，只有

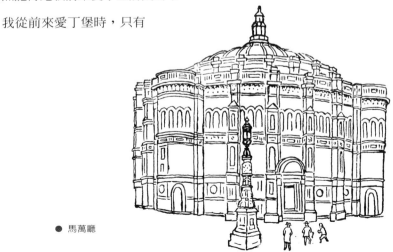

● 馬萬廳

一次和希特利先生失之交臂。我在陵地的國家美術館中國藝術展上，就中國繪畫發表演講時，他正好在薩佛克（*Suffolk*）一位朋友那兒。那次在愛丁堡發生了許多值得回憶的事。抵達不久，就有人通知我，林利斯戈（*Linlithgow*）的侯爵與侯爵夫人會去參觀畫展。負責畫展的人要求我，屆時如果可能，最好也在會場。我自然同意了。侯爵另外有事，沒法來，侯爵夫人倒是準時抵達。剛開始，她由英國文化協會蘇格蘭分部的官員陪同，四處參觀。一名侯爵夫人的侍從軍官對著我驚呼，「天哪！這麼漂亮的馬！」他看到了大廳中央一匹巨大的陶馬。我對他的看法表示認同，並說道，軍官如果有騎馬的習慣，也許會想試試那馬。他朝我眨眨眼睛說，他很樂意帶那馬回家。他接著說，他一直認為，中國馬如蒙古小馬一般小。我告訴他，這頭馬也許是西元八世紀唐朝時所塑成的，當時中國有許多中東人。「所以，早在我們之前，你們就擁有阿拉伯馬了？」他說，「可如今你們的阿拉伯馬呢？」我回說我不知道，並表示，有關中國家庭養馬的紀錄非常有限，古代中國也沒有賽馬這回事……

如今我開始向侯爵夫人解釋清朝初期中國瓷器的一些細節。她很快發現，我是她兄長威廉·米爾納（*William Milner*）爵士的朋友，她在印度時，她哥哥還寄了本我的《約克郡山谷畫記》給她。她告訴我，

一定得寫封信給威廉爵士，讓他知道我們會面的事。我們參觀過所有展示櫃，裡面都是不同時期的瓷器。侯爵夫人表示，她最喜歡宋朝的瓷器，我於是告訴她，宋瓷是中國瓷器的登峰造極之作。我繼續說：「剛開始，西方人對清初瓷器最感興趣，好比康熙、乾隆時期。可是等他們一見過宋朝的花瓶，立刻就喜歡上了後者。這是很自然的事，宋瓷無論設計、色彩和質地，都極和諧、簡單。宋瓷已經達到最高境界。明朝時，出現許多高品質的仿宋花瓶。到了清朝，雖然加上許多精緻裝飾，卻無助瓷器品質的提昇。如果不拿宋瓷在旁比較，它們自然是非常討喜的。只不過，如今能見到的宋瓷已經不多。」

接著我們參觀了一些其他展覽品，像玉器、漆器、刺繡和繪畫，然後我們進入一個小房間，裡面展覽了我的作品。侯爵夫人立刻表示，我很幸運，有一個專屬房間。我微笑著，沒有說話，但在心裡默默謝過主辦單位，包括英國文化協會美術部主任隆登（*A. A. Longdon*）少校，以及中央宣傳部駐倫敦辦事處主任葉公超博士，展覽有賴他們安排協助，才可能舉辦。

中國藝術展總共展出超過七百件藝術品，在愛丁堡極受重視，吸引了大量參觀人潮。

我發表演講的那晚，居然出現了滿滿一室的聽眾。我提到說，依我

看，亞瑟王寶座較像大象，不像獅子，觀眾裡立刻有人叫了聲，「沒錯」，引來一陣笑聲。我知道，現場許多人不同意我的觀點，但多少還是出現了一點相同意見，讓我覺得很高興。我不相信那叫聲來自蘇格蘭人，後來證明，我是對的。演講結束後，一位年輕女士急匆匆走來和我說話。她說，自己來自紐西蘭，對於亞瑟王寶座的印象與我如出一轍，她很高興聽到我說了那話。也許因爲紐西蘭和中國相隔不遠，才出現了這巧合。

當時還發生了兩件事，讓我深受感動。我讓急著問問題的人團團圍住，最後，一位一言不發、耐心十足的老者，自口袋小心拿出一個象牙雕刻的鼻煙壺。「這已經在我家裡留傳了許多許多年，我只想讓你看一看。」他驕傲地說，顯得稚氣。他把鼻煙壺放回口袋時，有人突然問他，願以什麼價錢割愛？「我絕不割愛。」他回答。那當然是個中國式的鼻煙壺了。那東西對他意義重大，連我也深受感動。我笑著看他，什麼話也說不出來！

如今時間晚了，我得上路了。走出演講廳時，一對老人家攔住我。他們大概有我父母的歲數。老先生有一頭白髮，一大把白鬍子，腋下夾著一個大紙箱。他一邊抖擻雙手，一邊慢慢打開一層一層的紙，直到最後露出四個小卷軸的中國畫，都由水墨畫成，淡淡上了點顏色。

「我們希望你能告訴我們，畫裡是什麼？」那太太說。丈夫表示，那些畫是他的水手父親由中國帶回來的，他一直非常小心地保管著。丈夫和太太接著一起說道，為了理解那幾幅畫的意涵，他們由鄉下來到愛丁堡，當晚並打算住在一位朋友那兒。他們非常熱切、真誠，我很樂意滿足他們，告訴他們每一幅畫背後的故事。

　　稍微懂一點中國畫的人，往往喜歡嘲笑市井小民的收藏。我並非由藝術角度評判這幾幅小卷軸，它們肯定沒什麼藝術價值，它們的主人恐怕也知道這點。由於尊重父親自東方帶回這幾幅畫，他們才特別珍藏它們。我覺得很感動，他們不辭辛勞，先是花了那麼多年保存那些畫，然後大老遠帶著畫來參加演講，希望由一個中國人那兒了解畫中涵義。如果我由蘇格蘭帶了些紀念品回中國，我的孩子會好好地保存，晚年時找個剛發表完演講的英國人諮詢它們的涵義嗎？恐怕不會。孝道是一種傳統，雖然中國有悠久文明，但是，過去一百年來，中國動亂頻仍，傳統也受到了侵蝕。也許，對這事，我太主觀了些，但是望著眼前兩張溫和帶笑的臉孔，我的雙眼不禁充滿了淚水！

不速之客　Unwanted Intrusion

　　愛丁堡不僅是皇室之都，遺留了許多豐功偉績的場景，還是觀光、度假者的聖地，像是亞瑟王寶座、卡爾頓丘、黑津丘、品蘭丘（*Pentland Hills*）的山坡地以及福思灣的海岸線等。其中以波多貝羅最富盛名，搭乘電車就能到達。我去過波多貝羅一次，但那天天氣惡劣，我發現自己沒法頂著風雨走近海邊。第二回上那兒，是個六月初的早晨。在聖菲利浦教堂附近下了電車後，我背對著城，筆直朝波多貝羅走去。那天早晨雖然陽光明媚，六月的愛丁堡依舊寒氣襲人。我很高興在人潮出現前就到了那兒。看著一望無際的海水，我不自主地深深吸了口氣。「大海！大海！」我陶醉地喃喃自語。誰都知道，由壓抑市街霍然進入開闊環境時，人的精神必會徹底獲得放鬆。我眼前見不到幾個人，波多貝羅看來似乎空蕩蕩。我心中忽有所感，想起了唐代曹松〈南海〉中的兩句詩：

　　無地不同方覺遠，共天難別始知寬。

無地不同方覺遠
共天難別始知寬
右唐曹松南海句

這感觸驅散了清晨的寒氣。

獨自一個兒慢慢逛著，我想到中國人對於大海的看法，特別是我自己對大海的看法。來到英倫三島前，我對大海所知極有限。我的同胞中，數以百萬計、絕大多數的人，生在廣大內陸，一輩子沒有看過海。對我們，大海遙遠而神祕。我們文人的筆下很少出現大海，高山和河流則不同，永遠都是靈感的泉源。可在我們早期的文學作品裡，大海卻經常出現。我前面提過有關秦始皇的故事，他修築長城，還打算蓋一座跨過東海的石橋，好看到日昇之處。他其實很可能完成夢想。可是他失敗了，因為他無法像駕馭乾燥的土地般掌控大海。在他暴政統治下，無數人因為修築長城而喪命，而長城，如今已成了世界一大奇蹟。他也許曾經逼著人民進行大海上的工程，但最後卻一無所成。如果他的大橋落成了，我們中國人對於大海的觀感也許會永遠不同。那麼，究竟會由哪個國家擁有制海權，恐怕還是個未知數。屆時，發現美洲新大陸也許就不是哥倫布，而是兩千多年前的中國人，美國，也會成為全然不同的新世界！命運另有安排，沒有人再嘗試模仿秦始皇。在接下來的幾百年裡，我們中國人幾乎忘記了大海。

除了少數例外。剛開始時，中國人並非依賴大海為生，而是在內陸地方，沿著土壤肥沃、氣候溫和的黃河流域，展開了農耕生活。結

果就產生了一種觀念，內陸地區的人較有文化，沿海地區的人較爲野蠻。孔子有一次費盡口舌，也沒法說服不同國家卿相接受他的觀點，之後，他失望又厭惡地表示，他要乘桴浮於海。也就是說，他寧可跟住在海邊的人在一起，也不願待在現在的地方。長久以來，孔子的學說一直左右了中國人的生活，很可能，自很早以前開始，中國人就不願貶低自己的身分住到海邊。

說來有趣，雖然少數人曾由高山上望過大海，實際上，很少中國文人認識大海。因此，中國文學中很少出現跟大海有關的內容。不過，我們崇拜高山與河流，而且反映於山水畫中。自西元四世紀開始，遠在風景畫於西方萌芽前，那就已經是我們藝術表達的最高形式了。

我們對於大海的無知，早已眾所周知！下面這故事大約發生於五十年前。清朝時，參贊梅綏齊（註：音譯，*Mei Shou-chi*）陪同公使劉芝田前往英法，回來後並向軍機大臣徐筱雲報告。聽了簡報，後者問道：「在海上顛簸了四年多，恐怕吃了不少苦。你一定很高興見到陸地吧？」 梅回答說，「由中國到英國的行程一個多月，之後我們便上了岸，直到完成任務，才又回到海上。」徐筱雲大吃一驚，英國居然有土地！他於是問道，英國是否也和中國一樣，有住宅和農作物？梅忍住笑回答，「沒錯，有的。」 徐筱雲微笑著說，「我可學了些新

東西了。我一直以爲，我們的駐外使節終年住在船上，見不到土地！可如今，我知道我錯了。」北京雖然自嘲錯誤，卻沒有學到任何新東西，即使中國已經兩度被強大的英國海軍打敗！也許正因如此，中國一直沒有開發廣大的海岸線，對此，西方人，特別是英國人，始終無法理解！

我直到二十歲那年，首次前往香港、廣東、海南島前，對大海也是一無所知。雖然一路上經歷了許多奇遇，我對大海還是所知有限，只覺得很不舒服，因爲船太小，天氣太壞。直到1933年，我由中國航經法國前往英國時，途經印度洋和地中海，才眞正對大海有了些認識。等到在這個國家待了許多年之後，我終於了解大海對英國人的重要。無論大海以什麼樣的面貌出現，他們都欣然接受，好像彼此之間已經產生唇齒相依的關係。

幾乎每個人多少都去過海邊，文人自然也不例外，結果，每年都見得到許多關於大海的文學作品。在西方畫作中，也經常見得到海景。我想，下面這說法應該不致太離譜：以埃及、希臘、義大利爲源頭的西方文明，都是由沿海地方發展出來。這點倒是跟中國文明非常不同。我很好奇，不知道這兩種內陸文明和海洋文明，有沒有合而爲一的時候？內陸文明產生較爲理性的民族，因爲他們無需經常爲了生存

而奮鬥。由於不斷處於爭鬥之中，海洋文明產生了較爲科學、穩定的民族。結果恐怕是後者會征服前者，其實，也確實如此。我認爲，如今中國文明正走到十字路口上，我覺得，我們該想出辦法，接受不斷入侵的海洋文明，更何況，我們還有那麼綿長的海岸線。

我在英國住了好幾年之後，才眞正認識了大海。如今，無論何時，只要看到大海，我心中都會產生一份好感。米爾頓寫道：「而風順著大海，大海順著海岸。」環境對人的影響多大呀！朗法羅（*Longfel-low*）唱道：

「你可願」──舵手於是回答，

「了解大海的祕密？

只有不畏波濤的，深知其神祕！」

如果不設法成爲舵手，我們中國人有可能擁抱大海嗎？

忽然，一聲「早安」將我自沉思中打醒。我趕緊抬起頭，向對方問好。那聲音來自兩位老太太之一。她告訴我，她在中國擔任了許多年的傳教士。她說，「我好喜歡青島的海邊，還有北戴河──兩處都在中國北邊。」我不想讓人覺得無禮，於是儘可能地回她的話。她絕對

猜不到我心裡在想些什麼。接著，大概擔心我聽不懂她說的話，她開始說中文。我並沒有因此而更投入這談話，可我不斷微微笑著，看來像在對她笑，其實是對著我自己內心的想法微笑。幾分鐘後，她向我說了再見，並和朋友轉身，一起去搭回城裡的電車。

波多貝羅十分乾淨，空氣也非常清新。偶而，海浪拍打海岸的聲音，會隨風吹到我耳裡。由於海潮非常低，浪聲猶如溫柔曲調，柔和而清晰。有時，它好像在歡迎我，不斷重複我的姓：「蔣、蔣……蔣。」有時候，又好像打算趕走不慎侵入它地盤的人，大聲吼道「呼嗚、呼嗚……呼嗚。」不過，無論歡迎或不歡迎，我都不在乎。對海浪而言，我是否在那兒，絕對無關緊要。它們日復一日、夜復一夜、年復一年、世紀復世紀地，發出同樣聲音，有時大聲，有時小聲，完全視大海的心情而定。我出於本位思想，才會覺得，大海在同我說話。

我左邊一排建築中，一扇門開了，有個人走出來，擦拭銅把手。我記得擦拭門上銅把手這工作，也只在愛丁堡見過。第一次來這兒時，我留意到，好幾個早上，有個人在一扇門前握一會兒銅把手，沒有開門，就開始弄下一扇門，而且，握銅把手的方式與第一扇門完全如出一轍。接著是第三扇門，第四、五扇門。我覺得很奇怪，那人要

不是在玩什麼遊戲，就是怪人。怪人的可能性應該大一點。稍後，如同前面一章提過的，我應邀就中國繪畫發表演講，並先到一位朋友家裡午餐。一位客人問我，中國是否還有許多怪人？是否仍受尊重？他大概想，世界上或許也只有中國仍然如此了。出乎意料地，我答說，「沒錯。中國認為，書讀得太多的人是怪人，不過，傳統上，我們尊敬有學問的人，這些飽學之士自然也就受到尊敬了。」那客人嘆了口氣說，「這麼好的國家！愛丁堡以前也像那樣，可如今，只要被認為是怪人，就沒法在這兒住下去。沒扣好釦子，不好好走路，就會被現代社會視為不合群。」我覺得，我沒真的弄懂他所謂的「怪人」。不過，我繼續說道：「現代生活受機器影響太大。如果機器沒上好油，沒有好好運轉，就會停擺，現代生活也就會亂成一團。我不知道，中國有這麼多怪人是幸或不幸？不過，有了他們，我們國家才不會跟其他國家一模一樣！」我繼續道，「可我覺得，如同瓦特·司各特爵士小說描述的，愛丁堡至今仍有許多有趣人物，好比，那不停一個接一個地清理門把的人……」我接著描述了早上看到的那個人。我才說完，在場的主客全都爆笑出聲，雖然有點不明所以，我也跟著笑了起來。先前與我說話的客人，開始滔滔不絕就這話題發表意見，我沒法記住他說的每個字，但意思大概是這樣：「愛丁堡人非常在意他們住

● 波多貝羅海灘

宅的銅把手，這習慣很早以前就開始了，直至今天，仍有專人每天擦拭。每個愛丁堡人都覺得，能由街頭看到臺階上閃閃發亮的銅把手，是件很開心的事，每個來到愛丁堡的外地人，一定也有同樣感受。」我覺得有點不好意思，當時竟辜負了我啞行者之名。不過，如果我保持沉默，我不可能知道，愛丁堡還有天天幫人擦銅把手這職業。我在別處從未見過如此閃亮的銅把手，早晨陽光下，波多貝羅的波羅莫內（Promenade）沿途的銅把手，看來更是耀眼！

我很好奇，在海邊跳躍、戲水的那些小伙子是打哪兒冒出來的？我可以看到他們的輪廓，襯在白浪滔滔的綠色大海上，雖小卻清晰。那景色看來像一幅畫，雖然每樣東西不停地在移動，整體感覺卻是不變的，只不過男孩們所在的位置稍微發生了變化。與寬廣的世界比起來，他們不過是一些小黑點。不過，看到他們雖然只占了圖畫裡小小的一部分，卻顯然最重要，還是讓我覺得很欣慰。我由這兒學到了構圖的一項原則：無論多小，最重要的部分一定會明顯突出。至於次要部分，再大的畫面，再強的色彩，也沒法加以強調。

大海是深綠色的，至少當時在我眼中是深綠色的。雖然與我從前讀過大海是深藍色的有所矛盾，但我想，那是透藍天空和黃色細沙組合下的結果，畢竟，這兩種顏色混合之後即成了綠色。可天空並非整

片藍。遠遠的天際邊，出現一條細細的白雲，正逐漸變大，變成一大片床單；又像一大塊海綿，並移到天空正中央，在海面上形成一塊陰影。我並未真的看到白雲移動，可那影子卻像天上母親的手，撫著海上小小的白浪頭，同時透過海浪低語道，「繼續向前，什麼也擋不住你，怎樣也別回頭。」它似乎預卜了我的未來！

在此同時，太陽光照在白色浪頭上，形成不同的光影變化。唐太宗春日山頂望海的兩句詩，頗能形容眼前景色：

拂潮雲佈色，穿浪日舒光。

也許中國諺語「浴日」更能適切地形容此景。某位天人正在大海中沐浴淨身，之後，他更耀眼了，向著四方投射光芒。映在水邊的年輕人，是這儀式裡的僕從！我覺得很開心，能以古老中國諺語詮釋當前美景。

我的所知有限，因此急於知道，僕從手上拿了些什麼，要讓主人沐浴後使用。我走下沙子，走向他們。沙子軟軟的，踩在腳跟上，感覺奇特，似乎踩著的並非地面。我的身體似乎太重，雙肩也承受著太重的擔子。可加快腳步之後，我的腳卻覺得踏實了些，身體也輕了些，

拂潮雲佈色穿浪
日舒光
右唐太宗春日望海日

重擔似乎已經卸下。人生從來都不是一條直線，畢竟，沒有人能免除責任，在人生的路上，總難免曲曲折折。不過，能夠暫時卸下擔子，還是好的。

接近男孩時，我聽見他們的笑聲。也許，他們很開心地發現，我其實不是個大塊頭。不過，我覺得，自己幾乎已成了他們之中的一員。然後，我發現，他們其實並沒有看我，甚至根本沒有注意到我。他們沒有特定目標，四處動著。其中兩人在石塊間跳來跳去，偶而失足滑進水裡，弄濕雙腳，便會惹來更多笑聲。其他人在玩一些我不熟悉的遊戲。有些人撿貝殼，其他人互相丟貝殼。我很想跟他們一起玩，可我擔心會不受歡迎，因此猶豫著沒有加入。有一會兒的功夫，我就站在水邊一塊小石頭上。

我由波羅莫內上看到的景色，如今已變了樣。每當波浪朝我襲來，我就深吸一口氣，退潮時，我就吐氣。有時，隨著吸氣吐氣，我的雙手也不自覺地上下擺動，好像在健身房裡做運動。然後開始想像，我手上舉了一根棍子，兩端安了沉重的東西，並隨著海潮不斷推拉著。白色浪頭變大了，我做著運動，心中覺得異常興奮。

除了如今站立之處，我見不到什麼土地。到處都是水。我不知道，包括我在內，有沒有人想過，地球上居然有這麼多的水？或者該說，

世界上居然有這麼多的水？地質學家說，地表三分之二是水，陸地只占了三分之一。我所立足的一小塊土地根本微不足道。我也微不足道。不過，波羅莫內可能正站了個人，認爲我是皇家侍從，正在澡盆旁服侍永生之王：太陽，就像我早先看到的那些男孩那樣。我再度感到自己的重要性，自顧自笑了起來。

如今我朝男孩離開的同一方向走去。四周散布了些挺有趣的彩色貝殼。我對貝殼一無所知，有些人也許會覺得，這些貝殼是非常有趣的研究題材。我可以認出諸如海螺、蚵岩螺等常見的貝殼。不知不覺中，我模仿那些男孩，蹲下身，拾起一個貝殼。那貝殼很大，花紋簡潔而規律。我想，貝殼或許可以刺激設計靈感。我想起羅賽蒂（*D. G. Rossetti*）的詩句：

自貝殼滿布的沙灘拾起其一
聆聽唇語；它們嘆息
同樣的渴望與神祕，
海聲的迴音。

我雖嘗試回想中國古代詩人就這題目寫的詩句，卻想不起任何句

● 有趣的彩色貝殼

子，正如我前面說的，中國人對大海所知有限，我們的先祖恐怕根本沒有人在海邊撿過貝殼。於是我自己做了首詩：

> 海天渺無角，層浪爭追拉。
> 萬幻我獨閒，折腰拾蚌殼。

我從未自視為詩人。每回將自己的詩翻譯成英文後，我總發現，那詩聽起來不怎麼詩意。

我的思緒由貝殼跳到二十三年前待過的海南島海邊。我有幾位朋友在中學教書，我就住在他們那裡。那學校的宿舍為前德國領事館，於一次大戰後歸還中國。宿舍離海邊很近，有個大花園，裡面種了棕櫚樹、椰子樹，還有一小叢香蕉樹。我到那兒時正逢夏天，不過海南島永遠都是夏天，因為那小島位於中國最南端，靠近北迴歸線。每天天氣都很好，四處望去都是綠油油的。大海平靜無波，天空萬里無雲。每個人都穿著最單薄的衣服。每天清晨空氣涼爽清新，幾乎每天早上，我都會趁著氣溫昇高前，到海邊散步，享受清新空氣。晚上氣溫降下後，感覺更是舒服。

有時我的朋友會陪著我，我們於是聊天、散步，同時四面觀看。看

海灘漫步

海天渺無角
層浪爭追拉
萬幻我獨閒
折腰拾蚌殼

著近海處，一大團透明烏賊在水中緩緩旋轉，非常有趣。有一回，我的朋友拿根小棍子戳一隻烏賊，那烏賊立刻就消失了。那助牠逃逸的黑色墨汁，應該是由膀胱噴出。為了保護她摯愛的生物，大自然的設計當真妙不可言！另一種我喜歡的生物是一種小海蟹。清晨時潮水很低，大片沙灘暴露出來，上面便見得到許多這種小螃蟹，牠們顯然也在享受清晨的空氣。牠們的兩支蟹鉗大小不一，一大一小。靜止不動時，大鉗會伸到空中。所有螃蟹彼此間都保持著點距離。遠遠看來，牠們像訓練有素的部隊，正在參加閱兵。牠們的視力似乎很好，我們還在遠遠的距離之外，牠們就會變魔術般不見了，留下沙灘上一大堆小小的坑洞，據說裡面就是螃蟹的家。每隻螃蟹都有自己的洞，牠從不遠離那洞，任何螃蟹都不能進入其他螃蟹的洞。如果嘗試進入其他洞，那洞的主人就會出面干預。為了證實此點，我的朋友往一個洞裡插進一根棍子，導致那洞的螃蟹只好試著進入另一個洞，可偏又進不去。糟糕的是，學生們後來插了許多棍子，想要逮螃蟹，滿足自己的口腹之慾。

海南島是中國南邊海岸外的大島，自漢代起，就是中國領土。著名宋朝詩人蘇東坡曾在當地擔任縣官，至今島上還有他活動的遺跡。島上自然資源豐富。在島上玩過之後，我就那些自然資源寫了篇文章，

發表於中國的《東方》雜誌上。

我很快回到波羅莫內。如今四周已有了些人，但卻沒有出現夏日假期可能有的人潮。也許是戰時管制下的結果，也許，度假季節還沒開始。無論原因為何，我都不在乎。我繼續走我的路。兩名年輕人在沙地上，自我剛才過來的方向往前奔跑，有人牽了隻驢子上沙灘。我沒有折回去，看看那兒發生了什麼事。

意外的是，如今我遇上了愛德華・羅斯先生，三天前我才和他喝過茶。他原是法官，自印度退休後，住在卡爾頓丘附近的攝政高地。我是經由我們的共同朋友希特利介紹，才認識了他。喝過茶後，他帶我參觀了他房子後面的攝政花園，以及攝政高地與皇家高地附近許多漂亮的房子，都是以十八世紀法國和義大利風格建成。那時我想，愛丁堡一定有許多優美住宅區，並希望，有朝一日能找到機會參觀那些地區。如今羅斯先生向我打招呼說，很高興看到我在波多貝羅、波羅莫內的陽光下散步，因為那兒是愛丁堡著名的風景區。我們同意，海邊空氣特別健康、舒適。接著我們便各走各的路。羅斯先生帶了把傘。我很佩服他那道地愛丁堡人的謹慎性格。我也覺得很有趣，看到帶著傘到海邊散步的人。

如今我左手邊已毫無房舍，一大片空地上，躺了些生鏽的東西，

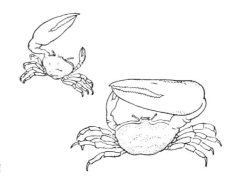

● 海南島的小螃蟹

由低矮的鐵欄圍著。我停下休息片刻，見到遠處隱隱約約的建築後面亞瑟王寶座深藍色的輪廓。我心想，蘇格蘭人還是對的。由這角度看來，亞瑟王寶座正像隻獅子，冷靜威武地坐在那兒。第一個產生這印象的人，一定是在福思灣的船隻上看到亞瑟王寶座。我不禁感到好奇，第一個踏上蘇格蘭這部分土地的人不知道是誰？第一個在福思灣船隻上留意到亞瑟王寶座看來像獅子的，不知道是誰？即使熱愛這塊土地，並深知其歷史，我想，蘇格蘭人恐怕也沒法回答我的問題。由灣裡船隻上望著亞瑟王寶座和愛丁堡古堡，一定非常獨特。我忽然有股衝動，想立刻登上一條船，可眼前一艘船都見不到。

　瀏覽著海面，我忽然見到怡曲奇島，上回我在卡爾頓丘上就見過了。較之上回，那島變大了，也沒那麼神祕。我想著，多奇怪呀，同樣的東西，給人的感覺居然差別那麼大。人怎麼就那麼自以為是呢？雲朵快速地在小島上空移動。小島似乎在和我玩捉迷藏，有時清楚地顯露在明亮陽光下，有時隨著雲朵擋住太陽，它也就消失在黑暗之中了──不對，不是完全消失，即使有雲朵擋著，我還是見得到盤旋島上小白點似的海鷗。小島暴露在陽光下時，海鷗並不清晰可見。唐朝韓愈一首關於孤島的詩，突然浮現我心中：

朝遊孤嶼南，暮戲孤嶼北。

所以孤嶼鳥，與公盡相識。

　　我不知道，怡曲奇島是私人島嶼？還是已被封閉起來，禁止進入？後者的可能性相當大。我可以看到，島上最高處一棟建築有著高塔。那建築看來像艘大船，高塔是她的煙囱，在那兒已經幾千年了，而接下來的幾千年裡，仍會在那兒。她承受著各種天候的打擊，自馬爾科姆・坎莫爾（Malcolm Canmore）國王時期，甚至更早的時候，就見證了蘇格蘭的歷史。我發現，不似亞瑟王寶座或愛丁堡古堡，這小島較少在人們的言談中出現。它背後也許有些歷史故事，只是我不知道而已。不過，知道或不知道，恐怕也不那麼重要了。千真萬確的是，人類，也只有人類，可以讓事件、讓地方變得重要又出名，從沒相反的情形。

　　為什麼這麼多人都要設法讓他們的出生地、他們的國家變得重要呢？在通往世界大同的路上，國家主義恐怕是最大的障礙了。畢竟，有些地方很幸運，發生了特殊的歷史事件，出了特殊的人，其他地方則恰恰相反。一定還有很多地方，等著發生歷史事件，好變得出名。

　　輕快雲朵使海面由銀藍轉成暗藍，同時改變了怡曲奇島的外觀。有

朝遊孤嶼南暮戲
孤嶼北亦以孤嶼
鳥與公盡相識
右唐韓愈孤嶼詩

一會兒，它蓋在灰色絲絨下，罩在濃霧裡，接著完全暴露在陽光下，成了紫色，隨著太陽給遮蔽，又轉成暗綠色。小島似乎也不停地變換著位置，霧中看來遠些，陰影下則不然。

　　如今它變暗了，天空上的黑雲愈聚愈多。我心想，這些雲都是打哪兒來的？我常常問自己這問題，可從來沒想過要去找答案。很快地，天空上見不到一抹藍，小島幾乎完全消失在黑暗裡，似乎有必要點上蠟燭，好照亮眼前景色。出乎意料地，一堆蠟燭似乎同時給點燃了，雖然較之正常蠟燭，那光更白，也更閃爍。繼而一想，它們更像一大團雪花，由四面八方滾滾而來——可當時是六月，而且沒風。那團白東西，事實上，是一大群海鷗，正在海岸邊盤旋飛翔。牠們一直都在那兒，只不過我的注意力完全集中在怡曲奇島上，忽略了牠們。如今我清楚地看著牠們。襯著黑色背景，牠們拍動著的明亮翅膀看來更白，也更明顯了。那白與浪頭上的白甚至還有程度上的不同。有些海鷗棲息在水上，有些飛在海上，拍著翅膀，似乎想驅走厚厚的黑雲；其他海鷗則懶懶地在空中盤旋，偶而向著地面俯衝而來。幾隻海鷗飛向天際，飛到我視線所及最遠之處。自從來到英國，我就愛上了海鷗，喜歡觀看牠們的動作，可這還是我見過最有趣的一次。天空暗得正好，讓我見到如此美景！

不知道爲什麼，大自然沒有像賦予其他生物那樣，賦予海鷗保護色。海鷗既不與大海，也不與沙灘同色。有人認爲，牠們看來類似白色浪頭。可不管在哪兒，牠們都毫無所懼地暴露自己。牠們眞的無需畏懼其他動物的攻擊嗎？即使最狡詐，爲了滿足金錢與口腹之慾而設計出各種技倆的人類，也無需畏懼嗎？眾所周知，海鷗是漁民眞正的朋友，最好的嚮導。漁民知道，哪兒出現海鷗，哪兒就有豐碩漁獲，因此，他們保護海鷗。由於活動範圍限於大海，海鷗理應對人無害，即使眞的進入內陸了，牠們也只會尾隨農人，吃地裡的蟲子，做些看來對人有益的事情。此外，牠們的肉質粗糙、乾硬，也倖免於成爲晚餐桌上的佳餚美食……

有天晚上，我應邀與兩位朋友晚餐，地點是王子街附近，佛德瑞克街上的亞坡瑞堤。那餐廳非常舒適，如同許多地方不大、風格新穎的歐陸餐廳，牆上有現代風格的人物塑像。菜單擺在我面前後，我看到前菜中包括了海鷗蛋這道菜。出於不自覺的好奇，我立刻點了那道菜，我的兩個朋友也不例外。每個盤子上都有兩顆煮得全熟的蛋。它們大概有雞蛋一半大小，顏色灰藍，擺在綠色生菜和紅色多汁的蕃茄中間，賣相很好，整盤菜看來非常可口。加上一點鹽巴和胡椒之後，吃來相當不錯，可我的同伴卻以法國芥末調味。我以前吃過鴿子蛋，

那蛋白經過水煮，變得透明，吃海鷗蛋還是全新經驗。雖然在英倫三島上見過那麼多海鷗，我真的還從未想過要吃海鷗蛋。依我之見，即便不如雞蛋，它們也絕不遜於雞蛋，而這絕非因戰時物資匱乏，久未嘗雞蛋之故。

我請教兩位均為愛丁堡公民的朋友，在這兒，是否輕易就買得到海鷗蛋？英倫三島上肯定有許多海鷗蛋，它們是否正得以彌補雞蛋之不足？我得到的答案是，海鷗蛋一直都被當作珍饈看待，而且海鷗蛋產量有限，一直都不被允許運至他處。聽了這話，我享用海鷗蛋的興頭一點都不受影響。接著我問，有沒有可能以海鷗肉來補充家禽的不足？得到的答案，卻和前面海鷗蛋類似。不過，我記得讀過，有些人認為田鳧或黑頭鷗，還有紅腿鷗的幼鳥非常美味。下面為布豐《自然史》上的一段話：

> 多數海鷗肉質黑而粗，吃來很腥，這種海鷗卻是我國北方小島貧困居民的盤中珍饈。長久以來，他們沒有其他食物可吃。對這些沒有真正吃過美食的人而言，即使鹽巴醃過的海鷗，也可以吃得津津有味。海鷗、海燕、燕鷗習慣相似，本性相近，連捕捉方式也完全相同；也就是，要冒著最大危險，捕鳥季節要失去許多生命……凡是

去過我國海岸的人都知道，海岸分為兩種：一種緩緩傾斜伸入海中，一種伸入海中，看來卻像防波堤，以阻擋深海波浪的衝擊。就是在這樣的岸邊，住著各種各樣的海鳥，同時在那些岩洞裡，安穩地孵化下一代。很難想像那高度有多高……想想跌落海底的恐怖，海浪澎湃有若高山，表面似乎看不出動靜，海浪的鳴聲較潺潺的小溪還要溫柔……即使在這裡，動物也不得安寧，躲不過人類的心眼和詭計。貧困，人類行為最大的動力，可以讓鄉下人從事最危險的工作，做出人力幾乎無法完成的任務。當捕鳥人準備由下方上到懸崖上時，他們會帶上幾根五、六個厄爾（ells）長的桿子，一端有勾，並在準備登上懸崖的人腰帶上繫一根桿子。這人的同伴，若非在船上，就在懸崖突出處，幫助他往上攀爬，直到找到穩固的落腳之處。完成這步驟後，他會以繩子協助其他人爬上來，另一人接著會藉助桿子，往上爬到更高的地方。通常，位於最高處的人會以繩子拉住另一個人，並指點他找到鳥巢的所在地。經常的情況是，拉繩子的人立足之處不穩，導致兩人同時不幸罹難。有些懸崖太過陡峭，無法由下方爬上，這時，就需要長約八十至一百噚的繩子，繫在一名村民的腰上及雙腿之間，使他呈坐姿。繩子由五、六個人在崖頂拉住，同時崖頂上放一根木頭，使繩子得以經由木頭不斷滑

動。藉著這種方法，那人慢慢降下去，輕易直搗海鳥的巢穴。不過，這種方法也不是沒有危險。繩子不斷下降、摩擦的同時，鬆動的石頭會自四面八方狂落而下……到了晚上，那盛宴通常可以慰勞這些貧窮而不顧死活的冒險家，彌補他們白天經歷的辛勞和危險。

貧窮是人類行為最大的動力！飢餓可以讓人做出各種想像得到和想像不到的事情。上面這段文字清楚說出了買不到海鷗蛋的原因，況且，戰時海岸防禦也不允許出現這類行為。不過，如果海鷗蛋和海鷗肉確實有利可圖，金錢也許可以成為強烈誘餌，引誘人繼續從事這類活動。

中國人以食用燕窩聞名。我在《中國童年》中寫過：「燕窩（不是很悅耳的菜名）是膠狀的燕子窩，或於福建沿海蒐得，或自印度進口。這種鳥似乎以一種海藻或石花菜造窩。這道菜非常貴，而且，一直被當作補藥，適合病人食用，具有強身活神的功效。」對於吃得起補藥的人而言，燕窩絕對是供不應求。尋覓這膠狀鳥窩的過程，較剛才描述的那段文字還要困難，因為它不在懸崖頂的洞裡，而是在陡峭的懸崖壁上。在亞洲沿岸尋找燕窩的冒險過程中，不知道已經犧牲了多少性命，即使今天，也還有人不斷地在送命。如果海鷗蛋和肉也有

我們「燕窩」強身活神的功效，我想，或許會出現一種科學性的蒐羅方式，好免除許多無謂的犧牲。大自然讓海鷗肉難以下嚥，使牠免于絕跡，但是有些人還是不惜冒著生命危險，繼續捕捉……

黑雲突然上昇，我也由沉思中驚醒。想到戰時食物帶來的影響，我不禁失笑。天空再度放晴，我又見到怡曲奇島。大海的顏色較以往更多變。可我的視線無法離開海鷗。牠們無疑是有翼王國裡最有趣的鳥類。我喜歡欣賞所有飛行中的鳥類，優雅的蒼鷺、莊嚴的天鵝、機警的老鷹、矯健的麻雀、流暢的燕子、跳躍的蜂鳥。可是沒有一種鳥像海鷗，對人滿不在乎，飛行時驕傲自信。海鷗是自由之鳥。法國作家卡特勒法熱（*M. de Quatrefages*）這麼寫過：

> 我看著牠們，在空中畫出千道弧線，然後衝入兩股波浪之間，啣著一條魚重新出現。隨風快速飛行，逆風緩緩翱翔，永遠像在平和的天候裡，悠然自得。即使巨浪翻騰如倒流瀑布，高如巴黎聖母院的講壇，濺出的水花比蒙馬特區還高，海鷗也不為所動。

我們凡夫俗子怎麼可能有此哲理？難怪海鷗到了聖詹姆士公園後，要對著小心眼、喜歡自誇大笨鐘高度的倫敦人尖叫不停了。海鷗最懂

得駕馭空間，必須如同我此刻這般，由海上欣賞牠們。

我再度開始沿著波羅莫內往前走。由於走得慢，我發現，多數海鷗都棲息在廣闊的沙灘上，而非飛翔在天空中。陽光下，牠們的白羽毛清楚顯現，乍見之下，牠們似乎立於固定位置，彼此保持一定距離。接著我見到，牠們並非靜靜站著，而是不停地變換位置。牠們的羽毛也並非同一種白，有些帶著灰褐，有些帶著黑，比例大約相同。由移動的方式看來，牠們不像鳥類，更像棋盤上的棋子——似乎兩位隱形仙人正在下棋。海鷗如此之多，眼前景象看來就更像中國的圍棋了，每名棋手都有一百八十枚棋子。從前在中國時，我常常玩這棋戲，因此很想看看這棋賽，我再次走下沙灘。我一接近海鷗，棋盤就像給誰掀翻了，所有棋子全都四散飛開。顯然我是不受歡迎的入侵者！海鷗大聲咒罵的聲音同時在我耳朵裡迴蕩。我沒法再待下去了。

波羅莫內已到盡頭，沙灘也無路可走。跨過一座鐵道橋後，我沿著兩邊有護欄的小步道前進，接著搭電車，在紐海分（Newhaven）附近下車。雖然目光所及有限，我卻聞到了酒和魚的味道。我很想看看穿著當地服飾的紐海分漁婦，但卻不知該上那兒才看得到。我記得《晚間快訊》（Evening Dispatch）上有這麼個故事：「兩名爲了節日盛裝打扮的紐海分漁婦，坐在愛丁堡電車上。兩名英國軍人很明顯地相當

困惑。兩名婦女坐在那，一邊不停勾動手上針線，一邊斷斷續續說著話，可他們完全聽不懂那些話。最後他們結論道，那話聽來『有點像希臘語』，她們一定是巴爾幹半島人！」如果連英國軍人都無法分辨紐海分漁婦，我很可能會將她們誤認成印度人！可這有什麼重要的？我上了前往格蘭登的電車。透過窗子，我瞥著海水。終點是格蘭登廣場，靠近一座小山腳下，山上有許多新蓋的住家。幾年後，樹木長出來，格蘭登應該會成為迷人的夏日度假勝地。坐在巴士上層回愛丁堡時，我看到了卡爾頓丘，遠遠的後方則是亞瑟王寶座。看著景色慢慢朝我挪近，非常有趣，感覺像在電影院裡。不過，回程路上，我卻滿腦子不斷地想，旅行中，我第一次成了不受歡迎的訪客。儘管如此，我仍在波羅莫內海邊盡情享受了一天。

即時體會　Immediate Comprehension

　　莊子說：「吾生也有涯，而知也無涯。以有涯隨無涯，殆已！已而
爲知者，殆而已矣！」由於無法以有限生命追求無限知識，我一向樂
於和那些與我同樣有限的生物在一起，也就是，動物。由許多方面而
言，可思妥發附近的愛丁堡動物園堪稱我的避難所。

　　有時我聽到人們說，他們不喜歡動物園，因爲他們不喜歡看到籠
子裡動物悲慘的模樣。理論上，我完全同意他們，可那觀點其實相
當曖昧。人類難道不是肉食動物？即使沒有親眼目睹，我們每個人難
道沒有或多或少導致一些動物受苦受難？說些激烈的話很容易，可
有時，言行一致卻很困難。孔子解決這問題的辦法是：君子遠庖廚。
只可惜，並非所有人都是君子！蕭伯納生病時，醫生敦促他吃肉，他
答道，「寧死也不做食人族。我的遺囑對葬禮已有所指示，但那指示
針對的不是人，而是成群的牛、羊、豬、鳥，以及一小群水族缸中的
魚。他們全都會披著白頭巾，悼念那寧死也不吃他同類的人。」除了
蕭伯納，誰能在那時候說出那種話？

也許只有印度的菩提行者，絕不吃任何孕育生命的東西，稱得上言行一致，有資格反對動物園的設立。即使被蛇咬，菩提行者也不殺生。他們將米和豆子撒到河裡和湖裡餵魚，以各種穀物餵養鳥類和昆蟲。每當遇上獵人和漁民，他們都會勸對方改行。如果勸導無效，他們就會設法買下對方的獵槍或魚網。如果這辦法也行不通，他們就會坐在河邊，趕走魚群，並大聲吼叫，嚇跑鳥雀。據說，蘇拉特（Surat）有個菩提行者辦的動物醫院，除了醫療各種動物，還有專為老鼠、蛇以及各種臭蟲設立的病房。只不過，我不是菩提行者，我不介意經常上動物園。事實上，管理動物園的人不會希望展品看來悲慘，園方也一直不斷尋求新方法，讓動物快樂。

喬治‧艾略特寫過：「動物是最理想的朋友——牠們不提問題，不做批判。」這話一點不假。不過，如果只是衝著這些原因才和動物做朋友，也未免太自私。我覺得，我可以看著動物的行為，便領會牠們心中的感受。

我在1943年九月一個早晨，首次造訪艾丁堡動物園。一進到園裡便可以見到，那動物園建在山坡上，整個地形因此優於倫敦動物園，像個小型的威普史納德野生動物園（Whipsnade）。我首先看到兩頭北極熊，一頭躺在水裡，一頭不停左右晃動腦袋，好像在說「噢！好熱！

噢！好熱！」我站在那兒，看了一會，心想，牠是否已經習慣了愛丁堡的天氣？如今牠會不會覺得北極圈的天氣太冷？北極熊圍欄附近是一群企鵝，常見的那種，胸口上有塊黑色半圓形，像掛了項鍊。牠們全都密集地站在一起。那兒不像倫敦動物園，沒有正規池子，讓牠們在水裡展現矯健身手。我也沒見到國王企鵝。我總覺得，國王企鵝看來像穿著晚宴服、上了年紀的尊貴英國貴族。也許，因為愛丁堡沒有上議院，失去了對照的機會，所以愛丁堡動物園也沒有國王企鵝。

接著我見到灰色海豹，躺在小池子中央的石頭上。牠正在享受陽光，看來非常自在。那毛皮為灰黃色，帶著褐黑斑點。我從前在其他動物園和馬戲團裡也見過海豹，都是褐黑色或褐色。無論在水裡或地面，牠們的行動都非常快速，以致我很少有機會像這次這樣，將牠們看個仔細。

我喜歡看牠躺在那，非常舒服地把肚皮貼在石頭上。偶而牠會把頭挪向一邊，但雙眼還是緊緊閉著。然後牠翻個身，仰躺著，伸伸脖子，打個呵欠。要不是有那條分叉的尾巴，我還真會當那是個壯碩的愛丁堡人，灌下幾杯楊格啤酒或黑白威士忌後，正躺下休息。

我聽說，愛爾蘭沿海居民一向尊重海豹，蘇格蘭漁民也視殺害海豹為不吉利的事，這種迷信恰當地順應自然。除了在馬戲團見過海豹玩

球與吹奏樂器的聰明模樣，我也在書上讀過，經過馴養，海豹會對人類朋友表現出高度的善意。我在一本早期的《原野》（Field）雜誌上讀過，一位作家自漁民處得到一隻小海豹，並帶回家。幾周後，小海豹開始尾隨他四處走動，自他手上取食，大老遠就認得出他。牠喜歡高溫，會像狗那樣在廚房火爐前一躺就是幾個小時。有一年冬天，氣候惡劣，沒法弄到魚，牠便學會了喝牛奶。作家最後決定，讓海豹回歸大海，但海豹奮力尾隨他的船隻，大聲哀號，最後只好將牠帶回家。麥斯威爾的《西方野外運動》（Wild Sports of the West）中，也敘述過一隻馴化的海豹，與一家人一起生活了幾年的故事。雖然那家人不斷將海豹放回大海，牠卻總有辦法回到牠摯愛的房子，甚至想法爬過洞開的窗子，待在溫暖的火爐邊。這些故事裡，我覺得最有趣的是，大多時間住在冰冷海水裡的海豹，卻天生就喜歡溫暖。我很想知道，海豹是否可以遠離大海，永遠住在內陸？

　　經過中國金雉的籠子前，我的雙眼享受了一頓彩色盛宴，接著我便置身於鳥群之中了。牠們的住處給石牆圍著，必須經由一道小門進去。那中央是一大叢盛開的玫瑰，只不過，也許是因為戰爭的關係，鳥並不多。在一個大鴿舍裡，我見到一隻扇尾鴿，挺著胸脯，整個頭幾乎都不見了。牠靜靜站了一會，然後挺著胸，踩幾步打圈圈。牠不

出一聲，可感覺上像對著一大群觀眾表演。我忍不住笑了起來。人類不也常這樣嗎？只不過，我從來都沒有機會嘲笑他們。

　　我走到一個有著鐵絲網的大房子前，裡面是恆河猴。房子裡有些樹幹，方便牠們攀爬跳躍。猴群中有三隻小猴子，其中一隻非常小，老是攀在母親的胸口上；另外兩隻則非常調皮好動，跟在大猴子後面，模仿牠們，只不過，有時牠們抓不緊樹枝，會掉下來。無論受到多大驚嚇，很快地，牠們又會設法攀爬回去。有些猴子由一個小土盆裡撥水，就跟小孩一樣。大猴子不停地爭執，又吵又叫。牠們太像人類了，看著牠們，我沒法不笑。忽然，我聽到幾棵大樹後傳來聲響。是一名年輕管理員和兩名婦女，他們正打算把一隻長臂猿由一個籠子移至另一個籠子，好進行清潔工作。牠始終不肯動，他們於是拿水管沖，畢竟長臂猿不像恆河猴，對水沒什麼好感，牠立刻出去了。才到了外面，立刻就尖銳地大叫一聲，像生氣，也像發洩悶氣。在中國，一般覺得，猴子傷心了才會叫，否則就是想朋友或想家了。我國許多偉大詩人都曾以此為題材，抒發他們自己的感情。唐太宗寫過一首詩，描述秋夜美景：

　　煙生遙岩隱，月落半崖陰。

連山驚鳥亂，隔岫斷猿吟。

雖然景色差異極大，我似乎可以聽見那叫聲。由於中國目前處於戰時，更由於交通較以前方便，以致大量人口湧向內陸，促成內陸發生巨大改變。唐太宗詩裡西南山區猴子的叫聲，恐怕再也聽不到了，對後代而言，這些詩也不再有同樣的魅力。

在恆河猴旁邊，有幾個關黑猩猩的大籠子。一位女管理員點燃一根香菸，遞給一隻名喚菲利普的大猩猩。牠拿過香菸，將正確的一端放入嘴裡，看來非常老道。牠還能由鼻孔噴煙，不嗆到自己。牠以前肯定抽過菸，搞不好每天都抽。我知道，要有菸癮的人不抽菸是很難受的事，我不禁想，如果女管理員不在了，或是沒香菸了，菲利普該怎麼辦？牠恐怕也只好忍著了。一位參觀者說：「動物有著人類般心智，不是好事！」這話讓我想到我的同類，在戰場上互相殘殺：「人類有著動物般心智，太可怕了！」就某些方面而言，人類並不比動物高明。只要有足夠食物，又沒有危險威脅，動物不會為了意識形態互相殘殺。但是……

我順著一條步道走下去，步道兩邊都是樹木與灌木。在一片低矮的樹籬後面，我可以看到一些黃色、粉色、紅色的花，大多是玫瑰。愛

丁堡動物園有個優點，不只可以參觀動物，還可以欣賞花朵。其他動物園也有花朵，但是愛丁堡動物園看來卻像植物園。我想，這是因為它的面積不是很大，又坐落於山坡上。我見到一些蝴蝶，在花朵附近盤旋。英倫三島很難見到蝴蝶，我想可能是氣候寒冷的緣故。這些蝴蝶似乎很快樂，在花與花之間盤旋舞動，愈舞愈快。

沿著另一條灌木道往前走時，我一直在搜索枯腸，試圖想起一本中國古書《古今祕苑》上關於「喚蝶」的細節。那書上說，收集一些雄蕊，放上幾個日夜，風乾之後，混入蜂蜜。下回看到蝴蝶時，弄一點混合物在掌心，摩擦雙手，接著朝順風的方向伸出掌心，蝴蝶很快便會隨著香氣給吸引到四周。在舊時中國，大家庭的女士喜歡在她們寬敞美麗的花園裡玩這遊戲。那時，她們有許多閒暇，又不常出門。我想，現代社會的中國女性恐怕就沒法玩這遊戲了，如今，她們和西方社會的女性一樣，總抱怨時間不夠。由科學的觀點而言，這遊戲也許荒謬，但那點子特別，而且，無疑道出了從前生活的平靜安寧。如今我們分秒必爭，可我不確定，我們得到了更多。我寧可和蝴蝶一塊兒玩，也不想為了趕搭倫敦地鐵，在電扶梯上匆促來去。

我很想根據這「喚蝶」的遊戲，編一齣芭蕾。由於科技進步，現代舞台上的燈光和色彩都有了許多創新的可能，可是出現動物似乎還不

可行，雖然我確實在舞台上見過扇尾鴿。我想，芭蕾舞者如果將前述混合物塗在掌心，看看是否能吸引蝴蝶在她四周飛舞，將是非常有趣的實驗。也許現代科技可以製造出更好的混合物，但最終是否成功，關鍵還是在蝴蝶了。誰知道，說不定有一天，我還真有機會見到這美夢成真。

我兀自沉浸在白日夢裡，一名男孩卻由坡上衝下，跟我撞個滿懷，硬生生將我拉回現實。「對不起，先生。」他說，接著一陣風似地消失了。他是我在黑猩猩區見到的年輕管理員，我了解到，我還在愛丁堡動物園內。一塊大石頭由一棵大樹的枝枒間掉下來，我聽到奔跑聲，另一塊石頭又掉下來，我又聽到奔跑聲。接著同樣的事情再發生了一次，最後我見到剛才撞上我的男孩，正雙手摀住耳朵，快速朝我奔來。我問他在做什麼？他指著遠處一棵樹說，那樹上有個大黃蜂窩，那些黃蜂拚命的想螫他。「我和其他這附近的人怎麼辦？」我問。男孩笑著說，黃蜂只會螫那搗了牠們窩的人，其他人不會有事的。我覺得很好玩，黃蜂居然能夠分辨敵友，我忍不住笑了起來。

接著我發現自己在一個小房子裡，兩邊各有一些籠子，裡面是老鼠、兔子或猴子。一隻小狒狒單獨在個籠子裡，看來非常寂寞、傷心。我留意到，有隻猴子單獨坐在籠頂，背還朝著我。一塊小告示說

明了，這猴子叫蘿絲，是來自東南亞的紅面猴。我還以爲牠來自中國或日本。一會兒之前，我才瞥了牠的臉孔一眼，嚇得我差點大叫出聲。牠滿臉通紅，好像剛剛將一整盒胭脂塗在臉上，如果你能想像那情況。這猴子叫蘿絲（Rosie）眞是再恰當不過了，也是大自然的一個玩笑！

接著我看到一對褐灰的小熊，像孩子一樣，在籠子裡嬉戲摔跤。有時牠們以後腳站立，像拳擊手般揮動前腳，有時在地上不停翻滾，有時一隻會爬到另一隻身上，並在另一隻突然晃動一下後，摔到地板上。牠們玩個不停，引得四周圍觀人群不斷發出笑聲。一名身材肥胖臃腫，有如魯本斯畫中人物的老太太格格地笑，同時不斷說，「噢，好滑稽的啤酒，噢，好滑稽的啤酒！」我還以爲她喝醉了，後來才理解，蘇格蘭人將熊（bear）發音爲啤酒（beer）。無論如何，對這老太太而言，這兩隻愛玩的熊和啤酒有著非常類似的效果。

由於戰爭，愛丁堡動物園一定少了許多展品，可對我而言，可看的東西還是太多了。我已經參觀過了小水族館，裡面有一尾我從未見過、喚做錦鯉的魚。我想那一定是蘇格蘭魚，才會取這名字，可沒人能回答我的問題。如今我仔細看過一群小獅子，也看過駱馬、小馬、鹿和小袋鼠。

● 蘿絲

我往個斜坡上走時，一名留著黑色鬍子的軍人叫道，「老弟，身上有火柴嗎？」我回說我不抽菸，他和他的家人全都笑了，他並說「真不巧。」我不知道他為何叫我「老弟」？也許遠遠看來，我濃密的黑髮讓他覺得我很年輕。有一回，我在威廉堡附近的山徑上，和一名高地男孩聊天時，他表示，不相信我已經四十歲，畢竟我的頭髮仍然烏黑。唉，離開祖國後，我已經長了些白頭髮了！現代科學家正在想辦法，讓人的壽命延長到二百五十歲。由這標準來說，我確實還是年輕人。也許正因如此，我一直喜歡和動物為伴，甚至覺得與牠們有某種血緣關係。

　　如今我朝著老虎、獅子的獸欄走去。在老虎附近，我留意到一隻小小的喜馬拉雅熊，有趣的是，牠只比豹子大一點，渾身漆黑，胸口雪白。那是我所見過最小的熊了。愛丁堡動物園的老虎獸欄設計非常特別，前方是一段遮陽的走道，獸欄內有灌木、草地以及許多小小的紅、黃野花。在這充滿自然氛圍的環境裡，大王和皇后披著黑色條紋的黃褐毛皮，非常亮眼。一隻老虎一動也不動地站在岩石上，神氣萬分地朝我的方向看，另一隻則慢吞吞地走上走下，像在運動，同時為藝術家提供了最理想的繪畫題材。我的手指蠢蠢欲動，很想拿起畫筆。我很喜歡畫老虎，因為牠的毛皮色彩漂亮，表情既沉靜又威武。

我不願想起牠恐懼或飢餓時的凶殘模樣，有什麼好想的呢？人類恐懼和飢餓時的所做所為，一點也不遜於老虎。

我忽然想到中國一則有關老虎的傳說。傳說中，唐朝天寶年間動亂時，一名宮廷吹簫樂師逃出宮，躲在終南山的廟裡。一個月光清明的夜晚，他想起宮中歲月，於是開始吹簫。他本是著名樂師，簫聲一時間似乎傳遍了山區。忽然，一名穿著白衣，有著老虎頭的人走入寺廟院子。樂師嚇得渾身顫抖，差點自坐著的石階上跌落。虎頭人說，樂曲很好，並要求他再吹一次。樂師於是繼續吹簫，直到虎頭人睡著，並大聲打著呼嚕。這時樂師偷偷站起來，爬到一棵大樹上，躲在濃密的樹葉裡。虎頭人醒來後，發現樂師不見了。「早先怎麼就沒吃了他呢！」他嘆口氣說，「如今竟讓他跑了。」接著他長長地吹了聲口哨，一群老虎於是跑來，向他鞠躬。他命令牠們四下找那樂師，可牠們始終找不到他，直到月光照亮那棵他躲藏的大樹。所有的老虎於是笑說，那樂師一定是神仙，能夠像雲、像閃電隨意來去。不過，雖然他只是凡人，而且牠們全都往樹上跳得筋疲力盡了，卻始終無法抓住他，連虎頭人也沒辦法。最後牠們只好離去。直到天亮，樂師才從樹上下來了。幸好，老虎不能爬樹。

我覺得，愛丁堡獅子欄的設計也很吸引人。雖然動物園坐落在山坡

上，位置很好，還是需要一位獨具慧眼的人，才懂得利用這良好的天然地形。我一定要特別讚美設計了獅子和老虎獸欄的人。在一條上坡的步道頂端，有處類似洞穴的設計，其中有六隻老虎幼仔，正在安排得很自然的岩石間玩耍。雖然四周設了防止幼虎脫逃的欄杆，牠們看來玩興極濃，有欄杆沒欄杆，似乎都無所謂。岩石上有一泉小瀑布，這裡那裡妝點著一些小野花，為景色增添了許多美感。我想，動物園裡的動物就該住在這樣的自然環境裡，這麼一來，就不會有人說他們不樂意看到獸欄裡的動物了。接下來的獅子區裡，各於兩邊設了不同獸欄，關了些獅子。在這區的中間也有個洞穴，裡面是三隻幼仔，正在地上滾成一團。這洞穴有個開口，連到裡面的洞穴，在那裡面，幼仔的母親塔布希正躺著打盹。後來她站起來，走到洞穴中間，三隻小仔子於是玩得更開心了。一隻咬住媽媽的尾巴，一隻用前掌撩她的鬍鬚。塔布希耐心十足，一點都沒有生氣的樣子。她的一舉一動都顯示了對幼仔的關心和慈愛。我一邊想著該怎麼畫那母獅和她的幼仔，一邊就想起了在《泰晤士報》上讀過的兩封信，都是有關於藍席耳（Landseer）畫的獅子。安尚（G. A. Anson）先生寫道：

　　讀者經常針對藍席耳的獅子寄來滿紙臆測的信件──因為不了解真

相，所以臆測。貴刊今日一封讀者來信指出，藍席耳畫中臨摹的是隻死獅子，而且他的「錯誤」（好比，畫中獅子前腳往前伸出的所謂錯誤）完全是因他臨摹的動物不是活的。可是藍席爾沒有錯——他畫他看到的動物，沒有人能夠畫出更栩栩如生的動物了。

愛德溫爵士正在爲繪畫獅子而準備時，我祖母亞伯坎公爵夫人到他位於聖約翰樹林的家中看他（他們是朋友）。她讓人帶進花園，看到他正在畫一隻大獅子，無拘無束躺在他前方的草坪上，姿勢與「藍席耳的獅子」一模一樣。我祖母有點緊張，可愛德溫爵士說：「別怕，親愛的，牠不會傷害你。」

白慈（*H. P. Betts*）先生寫道：

有一些人，如我，總能記得很久以前的事情，所以，請容我補充一些實情。爲了替我父親完成《布瑞瑪的清晨》畫作，愛德溫・藍席耳爵士與我父親一起待在布列斯登會館，在那同時，他接到了一封信：動物園的老獅子死了。他轉身向我母親說，「萬獸之王死了，我得去一趟。」愛德溫爵士一向深受我們小孩歡迎，當我們發現他走了，並問起他的去向時，得到的答案卻是，有個解剖結構上的問

● 可思妥發動物園中，塔布希與幼獅

題一直困擾著他，他得去看看那獅子的骨架。那些獅子並非躺著，而是立著，似乎正準備站起來，腳掌還直直伸出抓著地面。任何認識愛德溫爵士的人都知道，他觀察精確，不可能繪畫由管理員撐起來的死動物。

這些信讓我了解到西方藝術家常有的藝術態度。我真心希望，愛德溫・藍席耳爵士臨摹獅子時，心中想的並不只是神似。藝術家的最終目的應該是表達繪畫對象的精神和內在。結構正確和形體肖似固然重要，可是藝術絕不能用顯微鏡或其他方法加以解析。

我決定甩掉所有思緒，爬到旁邊一座小山的頂上。愛丁堡動物園有個好處，只要願意，隨時都能擺脫周圍動物。我走進一片松林。風在我頭頂上，將串串松針吹拂在一起，吹出了類似漲潮退潮的聲音。我上那兒原是為了避開喧囂，可這聲音悅耳，我於是開始專心聆聽。那聲音強化了四周的靜謐。我什麼都不想說，也不願想些無謂的事情，困擾自己。一分鐘過去了，靜謐有如雨點，灑上我乾涸的心靈。接著我聽到另一種聲音，類似風吹松樹，但更強一些。即使這聲音也干擾不了四周靜謐，那是流水打在我所站立岩石懸崖上的聲音。我一直沒留意，下方有一潭深邃的綠池子。白色泡沫形成漩渦，劃破池水

表面。幾隻海鷗上下滑翔，好像正在指揮由波浪和松樹組成的交響樂團。我背靠松幹，坐在岩石上，看著遠處的愛丁堡古堡和卡爾頓丘。它們讓夏日霧氣罩著，可卻分明無誤。眼前的一切（大海、懸崖、松樹或海鷗）似乎都沒有留意到我的存在。它們見過國王、皇后、王子、貴族、富人、窮人——與一切自然相較，這些人全都微不足道。它們為什麼要在乎我呢？

我做了首詩，為這天畫上一個美麗句點：

> 小坐崖石上，松風清我心。
>
> 俯觀臨巨壑，碧海何其深。
>
> 吾生將焉寄，浮沉若水禽。
>
> 萬物有終始，擾攘無古今。
>
> 樂此暫忘世，白雲聽我吟。

登愛丁堡動物園後山

小坐崖石上松風清我心
俯觀臨巨壑碧海何其深
吾生將焉寄浮沉若水禽
萬物有終始擾攘無古今
樂此暫忘世白雲聽我吟

動蕩過往　Eventful Reflection

　　我造訪過愛丁堡許多地方，珍妮‧丁農舍（*Jeanie Deans' Cottage*）旁的草原一直是我最常光顧之處。我不斷上那兒，欣賞撒利拜瑞斷崖和亞瑟王寶座的美景。依我看，那就像一幅宋代大師的卷軸。天氣好又散布著幾點人影的時候，看來像李昭道的風格；罩著薄霧或在濃霧中時，就毫無疑問是夏珪或馬遠的畫作了。由於那兒幾乎總是籠在霧中，看來較像單色，而非彩色畫作。任何沒法理解中國畫的人，特別是有些人不懂爲何藝術家會偏好中國墨色，透過這兒的景色，應該就能有不同的體會。

　　一天早晨，我打算上克雷米勒（*Craigmillar*）城堡看看，不過，我決定捨棄巴士，由達丁斯騰灣（*Duddingston Loch*）走過去。不知不覺地，我發現自己又在珍妮‧丁農舍旁的草原上了。所有景物都罩在濃霧裡，農舍似乎比平常遠了些。接著，我留意到，有樣東西，似乎很想穿過霧氣。隨即，我眼前出現了亞瑟王寶座，很明顯地懸在半空中。

這回我見到的亞瑟王寶座很像眾所公認的獅子頭，不像我一直以為的大象。它看來遙遠又孤單，剛開始，感覺像夢幻，不像真的，慢慢地，其他岩石和山脈也都由霧氣中顯現出來，可大小和形狀全都在霧中變了形。接近地面的部分，霧氣仍然非常濃，山坡和撒利拜瑞斷崖之間的小徑仍然看不清楚。我看著一名路人沿著小徑走下去，逐漸模糊，最後完全消失不見。當目光由亞瑟王寶座移至撒利拜瑞斷崖時，我留意到，它們下方有些小小圓形的東西在動，看來像一群在大床單下玩耍的小孩。等濃霧散去了，我發現，那是一群綿羊。雙眼享受了這頓盛宴後，我轉身走向皇后大道。

走在路上，我想到攝影以及中國山水畫的透視法。許多西方藝評家認為，中國繪畫若非完全不重視，就是以非常奇怪的方式表現透視的概念。可是視覺與相機所捕捉的影像卻不可能一樣。沒有相機能夠完全掌握霧中景色。遠處山脈的輪廓，看來模模糊糊，卻無法在照片中呈現。猶有甚者，在照片裡，背景裡的高山輪廓也許看來較前景的高山還低，可雙眼所見卻絕非如此。中國繪畫嘗試表現雙眼見到的山水景象。我們的透視法也許不夠科學，可我們經常蓄意誇張，使遠處的景物高一些，好製造一種效果，讓景物遠較藝術家為高，即使實際並非如此。我希望，藝評家能找個機會，看看清晨薄霧裡的亞瑟王寶座

和撒利拜瑞斷崖。

山頂上，皇后大道的開頭處有張座椅，我坐下歇了歇。愛丁堡盡在我眼前，可薄霧中，只有一些地標清晰可見。我想到宋朝詩人葛長庚的兩句詩：

曉霧忽無還忽有，春山如近復如遙。

我很想將「春山」換成「愛丁堡古堡」。

我朝山下走時，天空開始下雨。我見到個人追著一隻狗跑，狗嘴裡還啣了隻兔子。我們打了招呼，他說道，「就一隻，不值得。」我不由自主地也以蘇格蘭腔回答，「不壞呀。」同時心想，他是否訓練這狗抓獵物，好供自己享用。

如今我來到參孫脈（Samson's Ribs）布滿岩石的山坡上，並往下看著達丁斯騰灣及周圍景物。由於雨勢較前強勁，景物都不太清楚。感覺上，灣後面好像有一片山脈。由透明雨幕罩著的景色，總特別讓我著迷。由水面的波紋，可知下面正颳著強風，可是雨水卻筆直地往下打。然後一陣強風由我背後吹來。我幾乎沒法站立，也幾乎感覺到隨風而來每一絲微小霧氣的壓力。我已經準備好，隨時要讓強風吹進灣

裡。除了幾個小點，我見不到下方任何東西，我知道，那一定是灣上的天鵝。只不過，我想不通，牠們由哪兒來？往哪兒去？我覺得正孤獨地處於一個消失了的世界裡，並想像自己是蘇格蘭某個已逝王子的輪迴轉世。從前某個時候，他一定同樣站在我如今站立的地方，做著白日夢。

我忽然留意到，附近出現了一個不知由哪兒冒出來的孤獨身影。我向那身影走去，可那人根本不在乎我，連看也不看我一下。我開始覺得好奇，心想，他一定在看個特別有趣的東西，於是直接朝他走了過去。剛開始我們兩人都不說話，我還沒找出甚麼使他那麼有興趣，他已經先轉向我了。他戴了頂歷經風霜的舊帽子，有著長長的頭髮、茂密的白鬍子和紅潤的雙頰。他的表情肅穆，彷彿我在蘇格蘭歷史書上讀過的老蘇格蘭人，正活生生地出現眼前。我不知如該何回應他驚異的目光，可隨著他開口說話，緊繃氣氛也跟之化解：

「你以前來過這國家嗎？」

「來過。」我說。

「你去過古堡嗎？」

「去過。」

「你走過皇家哩大道嗎？」

「走了。」

「你看了米德洛西恩之心嗎？」

「看了。」

「你朝那上面吐過口水嗎？」

「沒有。怎麼呢？」

「可以帶來好運。」

「怎麼個好運法？」

「你讀過關於克倫威爾（*Oliver Cromwell*）的故事嗎？」

「我聽過這名字，但知道的不多。」

「啊，年輕人，讓我告訴你。」他舉起右手，向前指往霧中。「大約那兒一哩，我們的宿敵，英國人，沒法直接由灣上過來，但是……」他的話像流水，不斷噴湧，只偶而停頓一下，加強語氣。我聽不懂他說的話，我根本不知道他在說什麼，只偶而模模糊糊聽到「宿敵」這字眼。我專心地看著他，可他隨著手指轉動的眼睛，卻似乎飽含著淚水。他認為，理所當然地，我該聽得懂他說的話，以至我始終沒機會問他，克倫威爾為何來到愛丁堡？他似乎覺得，我不只了解英格蘭歷史，也了解蘇格蘭歷史。在英格蘭時，我幾乎隨處接觸得到與克倫威爾有關的資料，可在愛丁堡，這還是頭一次。那老人終於停

了下來，不過，只停了一下子。接著他說，瓦特·司各特爵士其實是在一個現歸他名下的花園裡，完成了《米德洛西恩之心》這書。當然了，我得重新再聽一遍司各特的事跡！接著他告訴我，沿路下山時該留意些什麼。他特別強調，我應該看看達丁斯騰的舊教堂，從那兒，我可以看到他的花園。我趕緊抓住這空檔，跟他說了再見，繼續往前走。隨著霧氣漸漸散去，景色慢慢浮現，我的頭腦也變得清醒。那老先生在我視線中消失前，我又回頭看了他一、兩次。我很佩服他的愛國情操。

蘇格蘭人真是個愛國的民族，我曾有過許多次類似經驗。有一回，我由格拉斯哥前往威廉堡時，在同一個車室遇到一位格拉斯哥男士，目的地與我相同，正打算去釣魚度假。他告訴我，他曾因為擔任一家公司工程師的關係，在上海待過，戰爭結束後，他還想再上那兒去。自然而然地，我和他聊了起來，聊天中還好幾次提到「英國人」。提到這名詞時，我指的是英倫三島上的人，也包括那位住過上海的蘇格蘭人。這種講法很正常，即使美國人也是這麼說的。意外的是，這格拉斯哥人卻打斷我，很嚴肅地說，「到了北邊，就別『英國人』、『英國人』地說個不停。過了威廉堡之後，如果你還叫我們『英國人』，人家會宰了你。」我想起了許多英格蘭人和蘇格蘭人不和的故

事。約翰·鄧肯在《薊與玫瑰》（*The Thistle and The Rose*）中的故事，總惹得我發笑：

幾年前，西岸一處挺時髦的海水浴場來了位粗壯的英格蘭遊客。他很喜歡和唐納·佛瑞哲聊天，後者是當地的一個人物，總愛吹噓他的人脈有多廣，可這陌生人認爲，那全都出於這高地人的想像。一天，那英格蘭人正坐在他旅館的門口，唐納趕著一隻大肥豬走了過來。「這大概也是你的人脈吧，唐納？」那遊客叫道，一邊咯咯地笑，一邊朝那肥豬點了點頭。「不是，」唐納淡淡地回答，同時審視與他說話那人的身材比例，「一點關係都沒有，先生，不過是個普通朋友，跟你一樣。」

這故事雖簡單，卻深刻道出了一些蘇格蘭人和英格蘭人的性格。如果我也像那粗壯的英英格蘭人，嘲笑唐納，他或許也會以同樣的話回敬我。不過，不知怎地，雖然沒法解釋，我卻覺得他應該不會這麼做。若說英格蘭式幽默是咯咯一笑，蘇格蘭式幽默就類似中國人的婉轉微笑。這或許和各國的歷史發展大有關聯。中國歷史動亂不斷，她的子民一向以容忍和哲理的態度面對各種環境，她也就以婉轉微笑來

表達幽默感了。雖然沒有中國嚴重，蘇格蘭的歷史也動亂不斷，蘇格蘭人從來沒有英格蘭人順遂。英格蘭人喜歡直接了當表達他們的情緒。他們知道，他們的國家以幽默感聞名。他們之中一些人，特別是那些年輕時髦的知識分子，不管什麼場合，都要講些笑話，有時反而搞得自己很尷尬，正如跟唐納說話的那個英格蘭遊客。

可無論英格蘭人和蘇格蘭人之間的矛盾有多尖銳，一旦遭遇足以危害兩地的危機，他們一定會聯合起來，共同抵抗。《詩經》上說：「兄弟鬩於牆，外御其侮。」可今日我的同胞卻缺乏這種精神。我佩服蘇格蘭人的友愛精神，並希望這精神能夠擴展至全世界，使戰爭在世上絕跡。

我接著想到那老人說的，朝愛丁堡大街中央的「米德洛西恩之心」吐口水，祈求好運。我不想假裝了解米德洛西恩之心，因此打算弄清這習俗的根源。我記得至少一、兩次，在那兒發現遭人吐過口水的痕跡。也許那地方已脫離愛丁堡衛生單位的管轄範圍。我不知道，這種吐口水以求好運的習俗能不能長久存在？不過，老是自顧自地反問，絕對是沒有意義的。

如今我到了達丁斯騰灣。灣岸很小，可我沒法靠近水邊。我可以見到遠處幾隻天鵝擠在一起，像一大團白球。湖水如鏡子般平靜。教

● 米德洛西恩之心

堂尖塔、一道低矮石牆以及一些樹木的倒影，全都清楚地浮現於上。我同時在那上面見到兩個彩色小點，在教堂尖塔附近移動。我很快認出，那是兩個人，一個穿著軍服，一個穿著紅色裙裝，正走在灣邊。與老人分手後，他們是我見到的唯一的人，而且相隔遙遠，完全干擾不到寧靜景色。

我離開山坡，離開湖灣，走進一條小巷，兩旁都是老房子。那小巷很窄，而且極端安靜，顯得我的腳步聲分外清晰。轉往右邊之後，我見到一道小石門，通往達丁斯騰地方教會。我試著找出那老人的花園，也就是他所說，瓦特·司各特爵士坐於其中，寫出《米德洛西恩之心》的地方，可我沒找著。我繼續往前走，甚至沒有看看教堂內部。連一隻在旁跳動的燕子，都干擾不了那深沉的靜謐，並讓我深覺壓迫。我瞥著那些老房子的前花園，發現全都種滿了花。其中一個花園，在大門靠近角落的地方有一棵小小的樹開著花。雖然才讓暴雨侵襲過，那枝子上仍開著幾朵大花。剛開始，我還當那是棵玫瑰，可那花又大得不像。接著我想到，那可能是牡丹，並因此覺得很興奮，因為那是我們中國人最愛的花朵。我們偉大的文學家寫了無數的詩歌、文章讚美它，許許多多愛情故事也因它而誕生。它又名為富貴花……

根據下面這則傳說，河南洛陽的牡丹長得最好，這傳說我在另一本

書《中國童年》裡也提過。

唐朝女皇武則天是中國僅有的女皇，她認為，沒有什麼是她得不到的。有一年冬天，她打算在上苑設宴，並希望屆時所有的花都能開放。她於是命令總管太監在花園裡掛出一個牌子，上面寫了一首她做的詩：

明朝遊上苑，火急報春知。
花須連夜發，莫待曉風吹。

太監自然得從命了，可他和宮裡其他人都擔心得很。他命令幾個人在花園裡打鼓，希望因此能刺激花兒盛開。隔天早晨，花兒全都開了，只有牡丹例外！女皇對其違令極為憤怒，於是下旨，立刻燒掉所有上苑裡的牡丹。隨著火勢漸起，牡丹忽然全部盛開，並撲滅了所有的火。雖然極為欣賞眼前美景，女皇對牡丹的違令還是覺得很不開心，她於是命令太監將它們全都送去洛陽，遠離首都長安，以為懲罰。從那時開始，牡丹就一直在那兒盛放著。至到今天，一些著名花園仍會在牡丹開花前燃燒它的枝子，據說，這麼一來，花兒才會開得更大更美。

我不知道，眼前這牡丹和洛陽是否有任何關聯？可以肯定的是，它一定源自中國。雖然常常見到各式植物，我卻已經多年未見過牡丹。那花園的門緊鎖著，我沒法將那叢樹看個仔細。也許這樣更好。

中國有一首關於牡丹的詩，非常著名，可作者不詳。下面就是這詩：

牡丹含露珍珠顆，美人折向庭前過。

含笑問檀郎：花強妾貌強？

檀郎故惱，須道花枝好。

一面發嬌嗔，碎挼花打人。

每個人都能理解這種脆弱的人心！我再次望向牡丹，並見到多數花瓣都給打落在地，我於是繼續往前走。

我走了好一陣子，同時不停四面張望。我在不同地方分別遇到的兩人都告訴我，大約還要一哩，就可以到達克雷米勒城堡。然後我由一堵矮牆看出去，再次看到達丁斯騰灣，水面上棲息了一大群海鷗，空中還有一群在飛舞。若非那叫聲和飛翔動作，我很可能直接路過，絲毫留意不到牠們。我很想走近看看那些天鵝，可牆上卻找不到門。

再度出發後，我問了第三個人，得到的答案還是一樣，再一哩就到克雷米勒城堡了。我開始就這「再一哩」與倫敦警察千篇一律的「再五分鐘」互相做個比較。

到達派佛米爾路（Peffermill Road）時，城堡終於出現眼前。一群在叉路中央玩耍的小孩停下，瞪著我看了一會。這路往上通向一處農場，並由那兒經由一條陡峭小徑，到達城堡。我看不到任何下到地面的通道。雖然農場前有兩名婦人和一名年輕女孩，她們那聊得正起勁的模樣，卻讓我覺得，不該拿如何上到城堡的這類問題打斷她們。無論如何，我不是建築師，沒法分析城堡的建築結構。據說，那是「蘇格蘭唯一以防禦為目的，於十五、六世紀期間，不斷有系統興建的家族莊園。」

走了一天路，我覺得累了，於是穿過農場，到達一處地點，可以一覽城堡全景。我傾身靠著一堵牆，兩手撐頭，盯著眼前的景色看。天空灰濛濛的，襯托遠處亞瑟王寶座的群山而呈現暗藍色。一層淡淡的白霧由下方升起，遮蔽了四散房舍模糊的輪廓。不過，霧氣仍未遮蔽城堡下方的坡地。草地全是同樣的綠，畢竟當時沒有陽光，既見不到光，也見不到影。幾隻乳牛仍然靜靜地吃著草，似乎不想破壞眼前寧靜。牠們褐白相間的身體，襯著城堡灰黃的石塊，以及頹敗無頂的塔

樓，看來非常和諧。城堡上端原本盤旋的一、兩隻海鷗，飛走了，完全消失在視線之外。牠們絲毫沒有打擾到那地方，只加深了原本的寧靜。

我回想著蘇格蘭在詹姆士三世與瑪莉女王治下的動盪時代。我在書上讀過他們和這城堡的關聯，只是我不敢確定那些故事的準確性。詹姆士三世一向被視爲和平之王，他那過分文雅的氣質，加上偏好平靜治國的心態，使他一直對他那兩位驍悍、勇武的兄弟，馬爾公爵和亞伯尼公爵，充滿疑慮。於是他以叛國罪，將較年輕的馬爾的約翰（*John of Mar*）囚禁於城堡內，而約翰並沒有活著走出城堡。我望著城堡，彷彿再度見到1479年間逝去的歲月。那幾隻草地上的乳牛已不是乳牛，而是胖墩墩、活生生的獄卒，慢慢地、無聲地一圈圈踱步，執行他們的任務。樹木在城堡上形成陰影，讓城堡看來陰森森的。我雖想勾勒國王弟弟的模樣，卻徒勞無功。我很想知道，他到底是怎麼度過那些日子的？即使貴爲王子，也避不開哀傷的人生！

據說，克雷米勒城堡是蘇格蘭瑪莉女王最喜歡的鄉間住宅。這點我相信。無論雄偉的愛丁堡古堡或奢華的荷利羅德莊園，都無法讓這年輕又不快樂女王獲得慰藉。她沒興趣召見約翰‧納克斯。她要的，是個能夠接納她愛情的人。除了克雷米勒城堡，哪裡還得以徹底包容她

為愛傷感的內心？我見到她，獨坐深閨，雙眉緊蹙，雙唇緊抿。在我的想像裡，那些乳牛如今成了健壯、圓滾滾的侍從，正不安地來回走動，想取悅他們高貴的女主人。城堡上端盤旋的海鷗，則是在風中吹動的皇室旗幟。年輕女王究竟來過這兒多少次深思她不快樂的人生？凡夫俗子所經歷的人生悲劇，絕對遠遜於美麗女王！

　　舒爽涼風忽然襲來，我搖了搖頭。一棵攀爬牆上的玫瑰花瓣飛起，落到我腳邊的地上。中國人一向傷懷落花，我自然也不例外。我想起散落在達丁斯騰教堂附近，牡丹的花瓣。在這兒，且容我引用《紅樓夢》中林黛玉的〈葬花詞〉。幾乎每個中國年輕人都可以背出這首詩。已逝的翟理思（*H. A. Giles*）教授曾為這詩做了很好的英文翻譯。

　　花謝花飛花滿天，紅消香斷有誰憐？
　　游絲軟繫飄春榭，落絮輕沾撲繡簾。
　　閨中女兒惜春暮，愁緒滿懷無釋處，
　　手把花鋤出繡簾，忍踏落花來復去。
　　柳絲榆莢自芳菲，不管桃飄與李飛。
　　桃李明年能再發，明年閨中知有誰？
　　三月香巢已壘成，樑間燕子太無情！

明年花發雖可啄，卻不道人去樑空巢也傾。

一年三百六十日，風刀霜劍嚴相逼，

明媚鮮妍能幾時，一朝飄泊難尋覓。

花開易見落難尋，階前悶殺葬花人，

獨倚花鋤淚暗洒，洒上空枝見血痕。

杜鵑無語正黃昏，荷鋤歸去掩重門。

青燈照壁人初睡，冷雨敲窗被未溫。

怪奴底事倍傷神，半爲憐春半惱春：

憐春忽至惱忽去，至又無言去不聞。

昨宵庭外悲歌發，知是花魂與鳥魂？

花魂鳥魂總難留，鳥自無言花自羞。

願奴脅下生雙翼，隨花飛到天盡頭。

天盡頭，何處有香坵？

未若錦囊收豔骨，一堆淨土掩風流。

質本潔來還潔去，強於污淖陷渠溝。

爾今死去儂收葬，未卜儂身何日喪？

儂今葬花人笑痴，他年葬儂知是誰？

試看春殘花漸落，便是紅顏老死時。

● 克雷米勒城堡

一朝春盡紅顏老，花落人亡兩不知！

如今，年少英俊的王子和年輕美麗的女王早已不在。唯有克雷米勒城堡孤單的遺跡依然安在！

不情不願的結尾　Reluctant Conclusion

　　中國有一則流傳已久的笑話，說的是個非常喜歡喝酒的人。由於沒有足夠的錢買酒，他便以說故事的方式換取美酒，而他，正是說故事的高手。有一回，他在人家裡做客時，主人深受他的故事吸引。那人留意到了這點，故事開始愈說愈細，拖拖拉拉。儘管如此，主人的注意力卻絲毫沒有分散。每說到一個轉折點，他就會停下，看著酒杯。主人立刻知道，杯子空了，便叫太太到廚房，重新裝一罈酒出來。這太太每裝一罈酒，就會拿手指在爐子裡沾點煤灰，畫在臉上作為記號。後來裝酒的時間愈拖愈長，最後，拿酒進來的僕人終於失去耐心，大聲叫道，「看在老天的分上，老爺，少叫點酒，結束了故事吧，否則太太就要沒臉見人了。」

　　雖然時不時地喜歡喝一點威士忌，我卻很少述說關於酒的故事。在這兒我要特別謝謝克魯尼（Cluny）城堡的主人，在戰時困難的時候，常常分一些他們的酒給我！我也不敢繼續沒完沒了地說這故事，免得我的主人或女主人沒臉見人！不過，我還真的不願意為我愛丁堡的經

歷畫上結尾。

　　原因很簡單：我喜歡愛丁堡。可我不想說得這麼直接，我擔心有天我會遇到格拉斯哥人。我一直很想聽聽愛丁堡人和格拉斯哥人就他們各自的城市展開辯論。只不過，雖然滿懷希望地逛過皇家哩大道上的多家小酒館，至今我還沒有這份耳福。一天晚上，我正經過特洛恩教堂（Tron Kirk），打算前往聖瑪莉街上的一家酒館，忽然有人在我背上拍了拍。我轉過身，一個人用洋涇濱英語說，他去過上海、香港、廈門、澳門等地。很顯然，他認為每個中國來的人都會說洋涇濱英語，並自以為很聰明，能用這方式同我說話。他口中噴出的酒氣驅散了夜晚的霧氣，雙腳似乎也站不太穩。「跟我來，」他說，同時讓我看到外套口袋裡鼓起來的兩瓶酒，「我們可以一塊喝喝。」這意外邀請雖然讓我深深感動，我卻不知該說些什麼。「我知道你國家，」他繼續道，「我是世界公民。我是格拉斯哥人。所有格拉斯哥人走遍全球。我當海員時去過你國家。愛丁堡酒館──莫去，莫去。跟我來。我酒好。」我立刻想到，這是絕佳良機，應該說服他跟我進酒館。不過，略為猶豫之後，我決定還是放棄，部分因為，戰時像我這樣的外國人受到的限制還是比較多，部分因為，他恐怕還沒跟愛丁堡人爭論過。我深深謝過他的好意，並表示，我不怎麼喝酒。「啊，不喝的？不喝

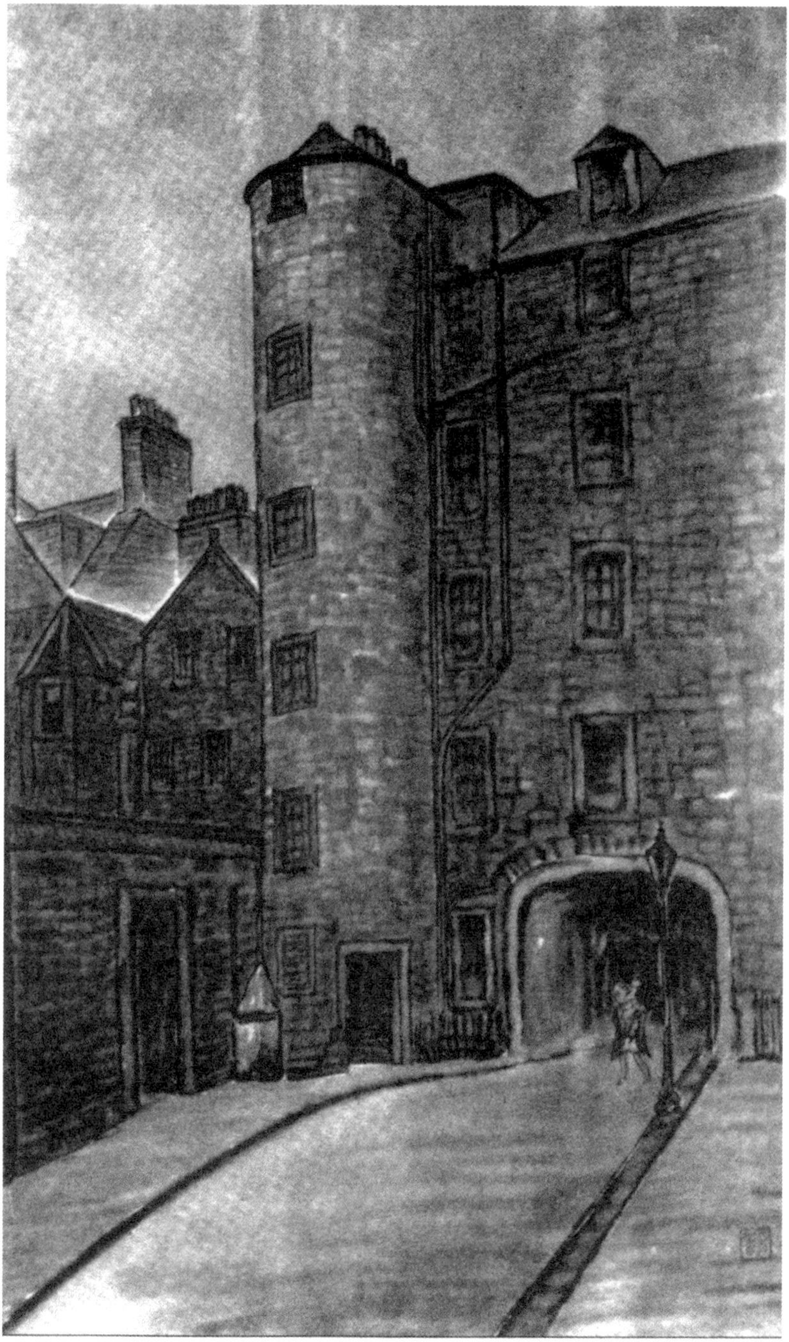

的？」他邊笑邊走了。

另一方面，我也覺得不怎麼滿意，居然沒說出不喜歡他們城市的話，好惹惱愛丁堡人。由我有限的經驗，這些人大多善良、有耐心、謹慎，絕不會以我的話為忤。他們會安撫我，要我在愛丁堡多待些時間，到處多看看，到時候，自然而然就會喜歡這地方了。確實，愛丁堡許多地方我還沒去過，或是去過了卻還沒提過，這時候就下結論，自然讓我覺得心不甘情不願。因此，接下來，我要稍微描述一下，其他幾個我去過的地方。

我花了一整天時間，參觀瓦特‧司各特爵士位於喬治廣場的房子、愛丁堡舊皇家中學，以及其他幾個跟他有關的地方。接著，雖然對武器沒什麼興趣，我卻仔細看了安於古堡地面上的蒙思買大砲。據說，除了里斯本的一尊砲，這是歐洲最古老的大砲。不知道為什麼，蒙思買大砲有一陣子離開蘇格蘭，給運到倫敦塔去了。蘇格蘭有一種迷信說法，「直到蒙思買大砲還巢，蘇格蘭才是蘇格蘭。」經過瓦特‧司各特爵士的奔走，那大砲終於物歸原主。這麼一來，司各特這名字也就深深地烙在每一個蘇格蘭人的心中了。

我也參觀了史罔士頓農莊（*Swanston Cottage*），那是羅伯‧路易‧史帝文生位於鄉間的住宅。我搭電車到卡林頓（*Colinton*），先看了蒙斯

花園（Manse）。在那兒，有人告訴我，史帝文生和外祖母在那房子裡度過了許多歡樂假期。他在那裡寫出了下面的文字：「每個景物、每個聲音（幽暗的長春籐、灰色的墓碑、地底壓抑的水流，即使籠罩教堂墓地的靜謐），全都聯結一塊，激發浪漫想像。」然後有人告訴我，怎麼前往史岡士頓。我不知道，自史帝文生時代至今，由農莊通往蒙斯花園的路上，是否發生了任何變化？不過，我卻清楚聽到了卡林頓溪喃喃的流水聲，這聲音應該沒怎麼變。綠草地和大草原，在我頭頂盤旋叫喚的海鷗，更是亙古不變。那路走來非常愉快。

由於座落於品蘭丘的山腰下，農莊藏身濃密的樹葉枝幹後面。我透過圍籬看進去，顯然現任屋主將花園照顧得很好，花床裡的花都盛開著。我並不想進入農莊看看史帝文生坐過的地方，睡過的地方，生活的方式。我只想感覺一下他喜愛之處的氣氛。史帝文生寫道，「我們由美麗大自然得到的樂趣，基本上是很詭譎的。有時雖不存有任何期望，它卻來了；有時期盼極高，它反讓我們在美麗大地上，傻傻地意志消沉上個連續幾天。」年少時，史帝文生常常來史岡士頓度假。這美麗環境一定賦予他許多靈感，讓他寫出了《兒童的詩歌花園》（Child's Garden of Verses），我讀過那詩，而且很喜歡。

讀過《金銀島》之後，我才認識了史帝文生。那書已有中文譯本，

● 史岡士頓農莊

雖然譯得不頂好。也許因爲我們對大海的認識不多，中國兒童對那書的喜愛，遠不及於英美兒童。中國人似乎沒想過要航向大海，尋找遠方的寶藏，我們的文學作品中從未出現這類冒險故事。另一方面，只要見過某些英國小說、美國電影中出現的中國海盜，必會覺得不可思議，中國小孩居然沒法欣賞《金銀島》的精神！我想，中國海盜不是什麼了不得的海盜，最多只是在海岸邊搶東西的強盜，只會偶而針對手無寸鐵的船隻進行小規模的攻擊。他們毫無組織，也沒有史馬列（Smollett）船長和其他人的那種豪情！小規模搶劫的結果是關進牢獄，大規模搶劫卻會帶來極大榮耀！

史帝文生雖不長壽，有了那些作品，他卻永遠長存。毫無疑問，他是愛丁堡最有出息的兒子。他、彭斯、司各特，同爲蘇格蘭文學界的卓越人物。

另外一天，一位我在錢伯街中餐館認識的朋友、愛丁堡大學物理學家彭博士，提議我們沿著雷色河一塊走走。他在愛丁堡住了許多年，對當地熟悉得很，我於是尾隨於他之後。我們先搭巴士到一處安靜小村，那兒雖有一些商店和房舍，但沒什麼人。我們在一塊草地上休息，欣賞遠處樹木、小山的景色，但風實在太強，我們沒法待太久。我們接著穿過一座美麗花園，走下一串長長階梯。往下走到一半時，

我們停了下來，我很驚訝地發現那地方非常僻靜。我們看不見房子，所有房子都隱藏在樹木、灌木後面了。彭帶著我沿著一條狹窄步道走了一段路，在步道上，我們可以聽到下方雷色河潺潺的流水聲。如今我們來到一些高大的柱子旁，那些柱子是用來支撐高高在上的橋拱。旁邊不遠，一位老者偷得半日閒，正坐在小椅子上打瞌睡，三名小孩（其中一名是穿著裙裝的女孩）則在水邊岩石間攀上爬下。那景色看來就像幅圖畫。我們走了一段路，來到橋拱下，接著順著步道回到大路。我雖暗自決定，日後一定要重訪這美麗地方，可至今都還沒找到機會。

　　一天早上，沿著羅瑞斯頓校區（*Lauriston Place*）往前走，我進到喬治·哈略特（*George Heriot*）醫院內。順著小路，穿過一道門，我走進灰衣修士教堂（*Greyfriars' Church*）的墓園。我朝教堂內張望，並試著讀出一些墓碑上的名字，可卻沒看出個所以然。我只知道，教堂很老，許多名字也模糊到無法辨認。這墓園流傳著許多恐怖、悲哀、英勇的事跡，據說是蘇格蘭最老的墓園。我讀著受難者紀念碑上的文字，「大約一百名貴族、紳士、牧師和其他人於愛丁堡被處決，其中多數人埋葬於此……」可是，類似事件全球各地不都出現過？過去幾百年，許

● 雷色河

多人為了堅信的理念，奮鬥並犧牲了自己的生命。今日社會，我們之中許多人同樣奮鬥並犧牲了自己的生命。許多尚未出世的人，也很可能會為了理想，奮鬥並犧牲他們的生命。這種爭鬥似乎永無止日。一定有許許多多蘇格蘭人立於受難者紀念碑前，感念那些為了宗教信仰而犧牲生命的人。紀念碑讓我想到世界各地的人，我在心裡向那些為了理念而犧牲的人深深致意。且讓我們一起祈盼，有朝一日，人類能夠找到方式和平共存，並容忍彼此的歧異。只要想到，世上從此不再有受難者紀念碑，就讓我欣喜不已。雖然在老城區的高大建築和市政府大樓的尖塔襯托下，眼前這紀念碑提供了我非常理想的繪畫題材。

　　參觀位於皇后街上的蘇格蘭國家骨董博物館，是一次既愉快又難忘的經驗。我先看了約翰・納克斯陳舊的木製講壇，以及另外一、兩件跟他有關的物品。在蘇格蘭的民俗遺物展部份，有兩件東西讓我覺得特別有趣：一張皮克特族（*Pictish*）十字架的照片；另一張照片上，是塊刻有象徵符號的石板，位於安格斯的亞伯蘭諾（*Aberlemno–Angus*）。一塊聖維吉恩（*St. Vigeans*）的雄鹿石頭浮雕，則讓我覺得很意外，那結構和技巧，非常類似我們周朝的玉雕，以及漢代的石雕。柴爾德（*V. G. Childe*）教授同意，蘇格蘭凱爾特族的一些作品，

● 灰衣修士教堂墓園，背後是愛丁堡

與早期中國藝術驚人地雷同，可他認為，那是所謂的「萬流歸宗」。我希望他是對的。我覺得很有趣，人類雖因氣候、地理位置、大海而受到隔離，他們表達藝術的方式卻非常一致。我確信，只要不一味強調我們種族、信念、膚色、文化上的差異，我們一定可以朝著共同目標，不斷努力。另一天早晨，我帶著素描本和一本小小的彭斯詩集前往布瑞德丘。那天天氣晴朗，我發覺，愛丁堡的太陽也可以非常炙熱。路的一邊羅列著一排蓋得很好的高級住宅，看來美觀。坐了一段電車後，我徒步走上一座小山。我經過前往高爾夫球場的道路，走進一條小徑，小徑兩側布滿樹叢，大多為金雀花。我不斷地向前走。一些岩石這兒那兒地冒了出來，為景色添了分不規則、不對稱的美感。我先後在幾塊岩石上坐下，為遠處的愛丁堡古堡和亞瑟王寶座畫下素描。當我躺在絲絨般的綠草地上，看著那些素描的條紋、曲線，我發現，它們猶如天上白雲，慢慢變形，成了無法辨識的昆蟲與動物。我覺得，除了我，再也沒有人能夠詮釋我的素描！我心裡似乎沒法裝下任何東西，我開始覺得很睏，並打起了瞌睡。然後我打開小詩集，開始讀彭斯的詩。我想寫些東西，可又太睏，我發覺，彭斯已經寫出了我的想法：

● 受難者紀念碑

歡樂五月再度

活絡了我們的小山和谷地。

「我們」自然也包括了我。他還寫道：

美麗，脆弱又短暫！

晴朗夏日裡的鮮花。

雖然這晴朗的夏日在愛丁堡，不在我家鄉九江，我卻毫不在意。讀
了下面這首詩，我完全能夠感受他的心態：

我將歡樂而自由，

我將不為任何人煩憂；

如果沒人在乎我，

我也將不為任何人在乎。

在布瑞德丘的如茵草地上，沒人管我，我也不在意任何人。雖然我

總說，人類該摒除私心，此刻，我只覺得，布瑞德丘屬於我。一隻毛色黑白的牧羊犬朝我身上嗅著，驚醒了我。牠似乎在說，我終究只是陌生人。我聽到坐在遠處岩石上的牧羊人叫了一聲，在他下方，成群綿羊正小口小口地吃著草。我可以見到他臉上的微笑，於是我也朝他微微笑了起來。

　　我雖然去過愛丁堡許多地方，可一定還有更多地方沒有去過，因此，我的結尾仍然不情又不願。一首蘇格蘭的名曲裡，有一句重複吟唱的歌詞，此刻正足以撫慰我。那歌詞這麼問道：

　　「你還會回來嗎？」

　　我總不由自主地回答：

　　「是的，我還會回來。」

● 牧羊人與牧羊犬